全国高职高专经济管理类"十三五"规划
理论与实践结合型系列教材·物流专业

物流市场营销

主　编　刘晓燕　王晔丹　方秦盛
副主编　李自立　陈　勇　杨　立
参　编　郦宏晖　张　靓　朱　斌
　　　　梁　军

华中科技大学出版社
http://www.hustp.com
中国·武汉

图书在版编目(CIP)数据

物流市场营销/刘晓燕,王晔丹,方秦盛主编.—武汉:华中科技大学出版社,2019.2(2024.7重印)
全国高职高专经济管理类"十三五"规划理论与实践结合型系列教材.物流专业
ISBN 978-7-5680-5015-9

Ⅰ.①物… Ⅱ.①刘… ②王… ③方… Ⅲ.①物流市场-市场营销-高等职业教育-教材 Ⅳ.①F252.2

中国版本图书馆 CIP 数据核字(2019)第 032384 号

物流市场营销　　　　　　　　　　　　　　　刘晓燕　王晔丹　方秦盛　主编
Wuliu Shichang Yingxiao

策划编辑：聂亚文　江　畅
责任编辑：沈　萌
封面设计：孢　子
责任监印：朱　玢
出版发行：华中科技大学出版社(中国·武汉)　电话：(027)81321913
　　　　　武汉市东湖新技术开发区华工科技园　邮编：430223
录　　排：华中科技大学惠友文印中心
印　　刷：武汉邮科印务有限公司
开　　本：787mm×1092mm　1/16
印　　张：10.5
字　　数：267 千字
版　　次：2024 年 7 月第 1 版第 3 次印刷
定　　价：30.00 元

本书若有印装质量问题，请向出版社营销中心调换
全国免费服务热线：400-6679-118　竭诚为您服务
版权所有　侵权必究

前言
PREFACE

物流市场营销是现代物流的一个重要环节。"物流服务"作为一种特殊的产品,是可以进行生产和销售的,但其服务性产品的特点决定了其营销方式和方法不能等同于普通实体商品。物流企业需要真正掌握物流产品特色的市场营销人员,这就需要专业的指导和训练。

本教材基于物流企业实际工作情境,通过对物流企业市场营销与客户服务相关工作岗位进行分析,分析岗位所需具备的技能和知识,以典型的物流企业为分析对象,以实际工作流程为主线,以实际任务为驱动,以物流市场营销作业所应具备的职业能力为依据,结合物流市场营销与客户服务的各个工作环节,既有操作技巧的训练,又有专业知识的导入,其主要特色就是以"项目为中心,任务为驱动"的设计思路来设计教材。

本教材的内容基于实际工作流程,结合作者多年来对于物流市场营销实际工作的研究,注重专业知识与行业规范相结合。按照实际物流市场营销的过程进行了项目设计,分别为物流市场环境分析、物流市场营销战略规划、物流市场开发与合同签订、物流业务客户服务四个学习项目,四个学习项目又分成十五个学习模块,每个学习模块又通过若干学习任务来支持,所有学习任务均有具体的参考实例和完成任务要求,可由教师带领学生进行分析并导入理论知识,以真实案例进行演练,以项目驱动为主线,整合、重构教学内容,实现教学目标。

按照情境学习理论的观点,只有在实际情境中学生才可能获得真正的职业能力,并获得理论认知水平的发展,因此本教材注重采用企业实际案例、模拟企业真实需求设计演练内容,同时充分考虑了高等职业教育对理论知识学习的需要,融合了实际工作岗位中企业物流市场营销人员对知识、技能和态度的要求等内容。其中,对职业能力的训练是课程内容的核心,理论知识的选取是紧紧围绕工作任务完成的需要来进行的。

总体来讲,本教材体系完整、结构合理、理论联系实际、特色明显,可作为高职高专院校、成人高等学校以及其他各类学校物流管理及相关专业的教材,也可以作为物流企业管理人员、市场营销人员学习、培训等的参考用书。本教材由无锡科技职业学院刘晓燕、王晔丹、方秦盛担任主编,武汉交通职业学院李自立、常州机电职业技术学院陈勇、无锡科技职业学院杨立担任副主编,参加编写的还有无锡科技职业学院邴宏晖、张靓,以及物流行业专家朱斌、梁军等。本教材在编写过程中,参考了一些同行专家的有关专著、教材及案例,在此特向相关作者表示衷心的感谢。

虽然为编写本教材付出了艰辛的努力,但由于编者水平有限,书中难免存在疏漏和不妥之处,恳请广大读者批评指正。

编 者
2018 年 12 月

目录

CONTENTS

项目一　物流市场环境分析 ... 1
　模块1　物流市场营销概述 ... 2
　模块2　物流市场营销环境分析 ... 17
　模块3　物流市场调查及市场预测 ... 27

项目二　物流市场营销战略规划 ... 39
　模块1　原物流业务市场发展战略 ... 40
　模块2　新物流业务市场发展战略 ... 52
　模块3　物流业务市场细分、目标市场选择及市场定位 ... 56

项目三　物流市场开发与合同签订 ... 81
　模块1　物流市场营销组合策略 ... 82
　模块2　物流市场营销产品策略 ... 87
　模块3　物流市场营销价格策略 ... 99
　模块4　物流市场营销渠道策略 ... 103
　模块5　物流市场营销促销策略 ... 108
　模块6　物流市场营销策划方案设计及合同签订 ... 119

项目四　物流业务客户服务 ... 145
　模块1　物流业务客服基本职责 ... 146
　模块2　物流业务客户投诉 ... 154
　模块3　物流业务大客户服务 ... 158

参考文献 ... 163

项目一
物流市场环境分析

WULIU SHICHANG
HUANJING FENXI

教学目标

最终目标：能进行物流市场环境分析。

促成目标：

(1)熟悉市场营销的核心概念。

(2)熟悉物流市场营销的主要内容、方式和方法。

(3)了解物流市场营销的观念。

(4)掌握物流市场环境分析方法。

(5)熟悉物流市场调研方法。

(6)熟悉物流市场信息整理与分析方法。

工作任务

(1)分析物流企业市场营销特色与内容。

(2)对物流企业进行营销的外部环境分析。

(3)对物流企业进行营销内部环境及综合分析(SWOT)。

(4)对物流企业进行市场调研。

(5)对物流业务进行市场信息收集和市场预测。

项目任务书

项目模块	工作任务		课时
模块1　物流市场营销概述	任务1	认识市场营销	2
	任务2	认识物流市场营销	2
模块2　物流市场营销环境分析	任务1	物流企业营销环境分析	4
	任务2	物流企业竞争者分析	2
模块3　物流市场调查及市场预测	任务1	物流服务市场调查	2
	任务2	物流服务市场预测	2

模块1　物流市场营销概述

(1)理解市场营销的基本概念。

(2)了解营销观念的演变。

(3)掌握物流市场营销特点。

(4)了解物流市场营销特色。

工作任务

(1) 市场营销规律分析。
(2) 树立正确的市场营销观念。
(3) 物流市场营销案例分析。
(4) 自我推销演练。

任务1 认识市场营销

领任务

活动一：市场营销案例分析。
操作步骤：
(1) 将班级同学分组，每组设一名负责人。
(2) 选择市场营销的典型案例，组织学生进行分析讨论。
(3) 每组总结发言，讨论何为市场营销。
活动二：市场规律讨论。
操作步骤：
(1) 将班级同学分组，每组设一名负责人。
(2) 选择市场需求、效用等典型案例，分析市场基本规律。
(3) 每组总结发言，讨论效用与市场需求之间的关系。
活动三：自我推销。
操作步骤：
(1) 提前布置学生准备一分钟发言稿，讲一讲自己对物流市场营销这门课的想法，以及对这门课的理解。
(2) 学生运用营销的基本知识，向班级同学及任课教师推销自己。

案例分析

有一个欧洲的跨国制鞋公司，为了开发一个岛国的市场，先后派出了四个考察队。

第一个被派去的是公司里最优秀的推销员组成的队伍。推销员们在岛上转悠了半天，第二天就回来了。他们在述职报告中声称：岛上的居民还没有一个是穿鞋的，因为他们还没有这个习惯；岛上暂时也没有卖鞋的，由于存在这么巨大的市场空缺，公司可以把鞋运过去，而他们也有信心把鞋推销给这些岛国的居民使用。

第二个被派去的是鞋厂的厂长们组成的队伍。厂长们在岛上转了两天，回来之后显得非常高兴，他们声称：岛国是一个很有市场前景的市场，他们在岛上找到了可以生产鞋的原料，而且原料及岛上其他各方面的社会资源价格都很低廉；他们建议公司立即到岛国设立分厂，认为只要能够赶快大批量生产，肯定可以获取高额的利润。

第三个被派去的是公司的财务部门组成的队伍。他们在比较了"国际贸易"和"本地化生产"两种模式的优劣后，认为：岛国的原料、土地、劳动力、水、电等资源的价格相对低廉，而公司距离岛国最近的鞋厂,都是非常远的;而且岛国的关税较高。综合两种模式所需的各方面成本来说,是"本地化生产"的优势较高。只要新建的鞋厂能够保持每天1000双以上的生产量,这对公司来说是不难做到的,每双鞋的成本,"本地化生产"可以比"国际贸易"节省4元。按一个月生产3万双鞋计算,一个月就可以节省12万元,半年就可收回建厂的全部成本。所以,他们建议公司到岛国设厂,就地生产就地销售。

　　第四个被派去的是公司的营销经理队。经理们在岛国上待了五天,拜访了上至岛国的首长,下至各行各业的普通百姓,共计五十多个岛国的居民。他们了解到,岛国的居民一直都没有穿鞋的习惯,他们看见外来的穿鞋人都非常奇怪——原来他们根本没有意识到穿鞋这件事。但是,他们很多人的脚都是有毛病的,他们想过很多办法去避免脚病,都不太奏效;他们非常渴望脚病得到根除,当他们了解到穿鞋可以帮他们的脚避免很多意外的伤害,更利于防治他们的脚病后,都表示非常愿意、非常渴望得到一双鞋。经理们还了解到:岛国居民的脚,普遍地都比公司所在的欧洲的同年龄段的人的脚长2~3英寸(1英寸=2.54厘米),大1英寸左右。因此,公司需要对卖给他们的鞋重新加以设计。另外,曾经有过一个有一定竞争力的制鞋公司,曾经派人来考察过,但当他们发现当地居民都不穿鞋以后,认为没有市场,就放弃了继续的努力,不过也不排除他们日后会卷土重来。岛上的居民是没有什么钱的,但是岛上的居民都听从首长的命令;岛上盛产香蕉,这些香蕉又大又甜又香,在欧洲是极具销售力和竞争力的。经理们跟首长谈过了,也去岛上的香蕉园看过了,非常高兴,因为首长已经答应:他将以每20公斤到30公斤的香蕉对应一双鞋的比例,换取公司专门为岛国生产的鞋,总数量大概为10万双左右,第一批可以先向他们要一万双,越快到货越好,并给予该公司独家卖鞋权。

　　经理们了解过了,也算过了,这样的香蕉如果经过适当的包装,可以以30元/公斤的价格卖给欧洲的连锁超市,按一万公斤计算,扣除包装、运输、关税、人员工资等,每公斤香蕉的纯利润为23元。一万双鞋,如果从离岛国最近的厂运到岛国,公司的总成本为16万元。那第一批的一万双鞋,可以换得的香蕉总数额是25万公斤(按25公斤香蕉对应一双鞋算)。而香蕉的总利润为575万元,扣除鞋的成本,公司可以在第一笔交易中营利559万元。如果鞋在岛国本地生产,则每双鞋可以再节省成本4元,公司则可以得到563万元的总利润!不过,经理们也算过了,投资设厂的资金需要200万元,而且从建厂到真正成品交货,需要三个月的时间,满足不了首长的迫切要求;而公司从最近的鞋厂设计、生产那一万双鞋,再运到岛国出售,只需要一个半月,这个时间首长是可以容忍的。所以,经理们建议公司一边用"国际贸易"做成第一笔一万双的交易,打好关系和基础;一边同时在岛国建厂投入生产,以便为后续更大的市场发展提供支持。

　　制鞋公司的总裁对营销经理们的报告大加赞赏,同时给予了重赏。

　　问题:

　　看了这则故事,请谈一下,你对营销有什么认识,什么是营销?营销与推销有什么不同?营销就是做广告吗?营销就是卖商品吗?

一、市场营销是什么?

　　1. 市场营销的几种定义

　　(1)美国市场营销协会(AMA)1985年的定义:营销是关于理念、商品和服务的设计、定价和分销的策划与实施过程,即为了实现个人和组织目标而进行的交换过程。

(2)营销管理学派(Philip Kotler)的定义:营销是个人和群体通过创造并同他人交换产品和价值以满足需要与欲望的一种社会和管理过程。

(3)欧洲学派(Christion Gronroos)的定义:营销就是一种利益之下建立、维持、巩固与消费者及其他参与者的关系,通过相互的交换和承诺去实现各方的目标。

2. 市场营销的最新定义

市场营销的最新定义来源于世界著名的营销专家菲利普·科特勒与加利·阿姆斯特朗合著的《市场营销原理》第7版的定义:市场营销就是通过创造和交换产品的价值,从而使个人或群体满足欲望和需要的社会和管理过程。

这一定义包含了以下几方面的内容:

(1)营销是一种创造性行为。营销不仅生产和创造各类产品或服务满足显在的需求,还创造消费者新的需求和欲望。

(2)营销是一种自愿的交换行为。自由交换是营销实现的基础。

(3)营销是一种满足人们需要的行为。充分了解消费者的需要,以需求为导向是市场营销的根本。

(4)市场营销是一个系统的管理过程。市场营销不是一个部门、一个机构、一项活动,市场营销涉及企业的各个部门、各个环节、每个人、每项工作、每时每刻、整个过程、全方位、全天候。

(5)市场营销也是一个企业内部的营销或企业对内营销。由于企业不仅要面对众多的外部顾客,而且要面对众多的内部顾客,所以,对企业内部顾客的营销是一个企业市场营销的起点,也是企业对外市场营销取得成功的关键所在。

(6)营销是一种企业参与社会活动的桥梁。营销实现了企业利益、顾客价值和社会利益的有机结合。

(7)市场营销的本质是要营造一种从各个方面都有利于销售的氛围和气氛。

分析市场营销的定义,可以进一步解读市场营销概念:

(1)市场营销的最终目标是"满足需求和欲望";

(2)"交换"是市场营销的核心,交换过程是一个主动、积极寻找机会,满足双方需求和欲望的社会过程和管理过程;

(3)交换过程能否顺利进行,取决于营销者创造的产品和价值满足顾客需求的程度和交换过程管理的水平。

二、市场营销基本概念

市场营销基本概念关系如图1-1所示。

1. 市场

市场是商品经济中生产者与消费者之间为实现产品或服务价值,满足需求的交换关系、交换条件和交换过程。

首先,市场是建立在社会分工和商品生产,即商品经济基础上的交换关系。这种交换关系由一系列交易活动构成,并由商品交换规律(其基本规律是价值规律)所决定。

其次,现实市场的存在要有若干基本条件。这些条件包括:

(1)存在消费者(用户)一方,他们有某种需求或欲望,并拥有可供交换的资源;

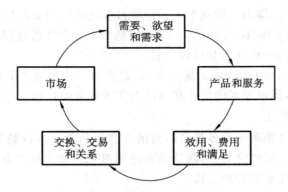

图1-1 市场营销基本概念关系

(2)存在生产者(供给者)一方,他们能提供满足消费者(用户)需求的产品或服务;

(3)要有促成交换双方达成交易的各种条件,如双方接受的价格、时间、空间、信息和服务方式等。

最后,市场的发展是一个由消费者(买方)决定,而由生产者(卖方)推动的动态过程。在组成市场的双方中,买方需求是决定性的。

从营销的角度看市场,市场是由人口、购买力和购买动机(欲望)有机组成的整体。用公式表示为:市场＝人口＋购买力＋购买欲望。

2.需要、欲望和需求

需要是市场营销活动的起点。所谓需要,是指人类与生俱来的基本需要。如人类为了生存必然有对吃、穿、住、安全、归属、受人尊重的需要。这些需要存在于人类自身生理和社会之中,市场营销者可用不同方式去满足它,但不能凭空创造。

欲望是指想得到上述需要的具体满足品的愿望,是个人受不同文化及社会环境影响表现出来的对基本需要的特定追求。如为满足"解渴"的生理需要,人们可能选择(追求)喝开水、茶、汽水、果汁、绿豆汤或者蒸馏水。市场营销者无法创造需要,但可以影响欲望,通过开发及销售特定的产品和服务来满足欲望。

需求是指人们有能力购买并愿意购买某个具体产品的欲望。需求实际上也就是对某特定产品及服务的市场需求。市场营销者总是通过各种营销手段来影响需求,并根据对需求的预测结果决定是否进入某一产品(服务)市场。

a."张小泉"剪刀与"英雄牌"钢笔的兴与衰。

为何质量很好的"张小泉"剪刀与"英雄牌"钢笔现在已经看不到踪迹?

b.有需要就一定有需求吗?

为何房产商不来找学生销售其豪华住宅?"宝马"车销售从不打电话找农民联系业务?

c.实例分析马斯洛的需求层次理论,揭示只有没有被满足的欲望才会对行为有激励作用这个道理。

d.实例分析:炎炎烈日下,如果让你吃一碗美味的红烧肉,感觉如何?而如果请你吃一份冷饮,感觉又如何?希望通过实例分析,学生能真正理解需要与欲望及需求的关系。

3. 效用、费用和满足

效用是顾客从消费某种商品或服务中所获得的主观上的满足程度。一般消费者会对产品满足其需要的整体能力做评价,消费者通常根据这种对产品价值的主观评价和支付的费用来做出购买决定。

总效用(TU):指消费一定数量的某种商品或服务所得到的总满足程度。

边际效用(MU):指物品的消费量每增(减)一个单位所引起的总效用的增(减)量。

数学表达式为:$MU_X = \triangle TU_X / \triangle X$,其中,$MU_X$ 为边际效用,TU_X 为总效用,X 为商品数量。

边际效用递减规律:随着消费者消费商品量的增加,得到的总效用是增加的,但增加的速度是递减的,即消费者从连续消费每单位商品中所得到的满足程度是随着这种商品的消费量的增加而减少的,从最大值到零再到负数。

例:某人从家里去 30 公里(1 公里=1 千米)远处上班,如何走?有哪些方法,如何选择?

剖析:如某人为解决其每天上班的交通需要,他会对可能满足这种需要的产品组合选择(如汽车、出租车等)和他的需要组合(如速度、安全、方便、舒适、节约等)进行综合评价,以决定哪一种产品能提供最大的总满足。假如他主要对速度和舒适感兴趣,也许会考虑购买汽车。但是,汽车购买与使用的费用要比自行车高许多。若购买汽车,他必须放弃用其有限收入可购置的许多其他产品(服务)。因此,他将全面衡量产品的费用和效用,选择购买能使每一元花费带来最大效用的产品。

观察人们的行为和心理,可以发现一个规律性的现象:当我们越来越多地消费一种物品或享用某一项物流服务项目时,获得的额外(边际)满足程度反而会下降。

请大家思考一下自己生活中有哪些类似的现象。

4. 交换、交易和关系

交换是指从他人处取得所需之物,而以自己的某种东西作为回报的行为。人们对满足需求或欲望之物的取得,可以有多种方式,如自产自用、强取豪夺、乞讨和交换等。其中,只有交换方式才存在市场营销。交换的发生,必须具备五个条件:至少有交换双方,每一方都有对方需要的有价值的东西,每一方都有沟通和运送货品的能力,每一方都可以自由地接受或拒绝,每一方都认为与对方交易是合适或称心的。

交易是交换的基本组成单位,是交换双方之间的价值交换。交换是一种过程,在这个过程中,如果双方达成一项协议,我们就称之为发生了交易。交易通常有两种方式:一是货币交易,如甲支付 800 元给商店而得到一台微波炉;二是非货币交易,包括以物易物、以服务易服务的交易等。如某医生为一位律师体检而换得一份遗嘱。一项交易通常要涉及几个方面:至少有两件有价值的物品;双方同意的交易条件、时间、地点;有法律制度来维护和迫使交易双方履行承诺。

一些学者将建立在交易基础上的营销称之为交易营销。为使企业获得较之交易营销所得到的更多,就需要关系营销。关系营销是市场营销者与顾客、分销商、经销商、供应商等建立、保持并加强合作关系,通过互利交换及共同履行诺言,使各方实现各自目的的营销方式。与顾客建立长期合作关系是关系营销的核心内容。与各方保持良好的关系要靠长期承诺和提供优质产品、良好服务和公平价格,以及加强经济、技术和社会各方面联系来实现。关系营销可以节约交易的时间和成本,使市场营销宗旨从追求每一笔交易利润最大化转向追求各方利益关系的最大化。

交换是提供某种东西作为回报而获得所需所欲之物的过程。

交易是交换的单元,具体的交换行为。关系是各方在交换过程中形成的各种联系。

三、简单的营销系统

简单的营销系统如图1-2所示。

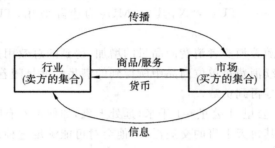

图1-2 简单的营销系统

四、市场营销的特点及与推销的区别

市场营销学是以消费者及需要为中心,并围绕这一中心展开的对其他各项市场活动的研究。这里指的消费者,既包括最终产品消费者(生活资料消费者),又包括中间产品消费者(生产资料消费者)。不同的消费者有不同的商品需要,这就需要研究不同消费者的特征,如他们的购买动机、购买行为、购买习惯、购买方式及潜在需要等。

市场营销学以消费者为中心展开对整个市场营销活动的研究,主要包括四个方面的内容,即产品(product)、定价(price)、渠道(place)、销售促进(promotion),简称"4P"。

市场营销学的研究对象包括市场营销的核心理论和核心概念。值得指出的是,了解这些核心理论和核心概念,不仅能够把握市场营销学的实质、理论体系和核心内容,使我们在从事市场营销活动时不偏离方向,而且会给我们提供一种观察市场活动的新视角。

市场营销不同于推销或促销,现代企业的营销活动包括市场调研、产品开发、定价、广告、人员推销、销售促进、售后服务等。而推销仅仅是现代企业营销活动的一部分,而且不是最重要的部分。

营销(marketing)与推销(selling)二者具有本质区别:营销是生产能销售得出去的产品,推销是销售能生产出来的产品。推销观念和营销观念的对比图如图1-3所示。

五、市场营销在企业中地位的演变

市场营销在企业中地位的演变如图1-4所示。

六、市场营销指导思想的演变及比较

(一)市场营销指导思想的演变

1. 生产观念阶段

生产观念是一种以生产为中心的市场观念。

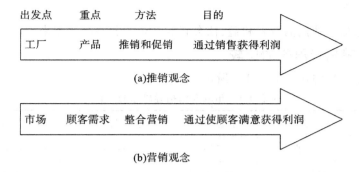

图 1-3 推销观念和营销观念的对比图

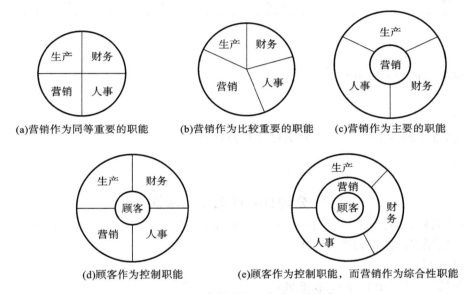

图 1-4 市场营销在企业中地位的演变

2. 产品观念阶段

在生产观念阶段的末期,供不应求的市场现象得到缓和,产品观念应运而生。在市场产品有选择的情况下,消费者会欢迎质量最优、性能最好和特点最多的产品。因此,企业致力于制造质量优良的产品,并经常不断地加以改造提高。

3. 销售观念阶段

科学技术的进步,加之科学管理和在"生产观念"驱动下产生的大规模生产,使得商品产量迅速增加,产品质量不断提高,买方市场逐渐形成。销售观念虽然强调了产品的销售环节,但仍然没有逾越以产定销的框框。消费者的需求和欲望仍然没有成为产品设计和生产过程的基础。事实上,销售只是市场营销策略中的一小部分。

4. 市场营销观念阶段

市场营销观念是一种起而与前述各种观念挑战的经营管理观念。市场营销观念以买方需要为中心。推销是卖方满脑袋要把产品换成现金的需要,而市场营销则是通过产品及其创造、递送和产品有关的一切事项,来满足消费者的需要。

5. 社会营销观念

社会营销观念是一种把消费者利益、社会利益和企业利益结合起来、统一起来的市场观念。

(二)市场营销指导思想的比较

市场营销指导思想的比较如表 1-1 所示。

表 1-1 市场营销指导思想的比较

区　别	出　发　点	中心和重点	途径与手段	目　　的
传统的营销理念	企业	产品	推销	通过扩大销售额获得利润
新的营销理念	目标市场	顾客需要	营销组合	通过使顾客满意获得利润
战略营销理念	环境	竞争优势	战略管理	使所有参与者获得利益

酒香真的不怕巷子深吗?

请问"酒香不怕巷子深"是一种什么样的营销思想?

一分钟自我推销介绍演练

内容:①问候;②自我介绍,包括姓名、来自哪里、个人兴趣、爱好、专长、家庭情况、对学习物流服务营销课程的认识和学习期望等。

时间:10 分钟。

道具与场景:计时用的钟表、教室讲台。

场地:教室。

目的:

(1)便于授课教师迅速掌握班级学生情况;

(2)加深学生之间的相互了解;

(3)锻炼学生上台发言的胆量和口头表达能力,而这种胆量和说话能力正是从事物流服务营销所必不可少的。

(4)学生运用营销的基本原理把自己推销给大家,进一步理解市场营销的基本概念。

程序:

(1)上台问候。首先向大家问好,然后再介绍。注意要热情,面带微笑。

(2)正式内容演练,即自我推销介绍。注意音量、站姿、介绍顺序、肢体动作等。

(3)致谢回座。对大家致谢后才能按教师示意回到座位。

(4)每五个同学讲完后,老师统一点评。

任务 2　认识物流市场营销

活动一：物流市场营销案例分析。
操作步骤：
(1)将班级同学分组，每组设一名负责人。
(2)选择物流市场营销的典型案例，组织学生进行分析讨论。
(3)每组总结发言，讨论物流市场营销的特点。
活动二：营销过程分析及设计。
操作步骤：
(1)将班级同学分组，每组设一名负责人。
(2)选择一个简单的市场营销案例，让学生分析其进行这项营销业务有哪些事情需要做，从而分析出一般项目需要怎么做，为后面学习具体的市场营销课程做一个整体引导，帮助学生更好地理解物流营销的过程及更深地理解市场营销的特点。
(3)归纳总结物流市场营销项目的一般思路。

东方物流公司的市场营销思路

东方物流公司是一家以海上运输为主的综合物流服务商，为了应对国际航运市场的激烈竞争，他们将采取以下措施：

(1)在进行大量、严密的市场调研的基础上，通过准确的市场细分，公司结合自身条件和市场需求，把目标顾客定位于直接客户和大客户，重点是跨国公司。

(2)在充分的市场研究基础上，根据市场细分，公司运用营销组合策略，对目标顾客进行了营销组合设计：

①在产品策略上，公司为了有效地满足顾客的需要，对核心产品(如为货主提供符合其需要的位移)、一般产品(如舱位体积、位置和货物定位等)、期望产品(如船期、安全性、经济性和及时性等)、附加产品(如咨询、报关、报价等)、潜在产品(如多式联运等)进行综合考虑，提供整体产品服务。在运用整体产品理念的基础上，不断提高产品的质量和调整产品组合策略，如在三大东西主干航线——太平洋航线、欧洲航线、大西洋航线扩充产品线深度等。

②在价格策略上，实行随行就市的定价方法，采取客户不同、季节不同、运价不同的策略。

③在分销渠道上采取在全球设立自己的办事处，大力拓展直销渠道。

④在促销策略上，以人员推销为主，注重公共关系的开展。

公司通过 3 年的运作，赢得了竞争优势，在一些主要航线上市场份额全面提升，总体经济效益明显好转。

问题：读了这个案例，请分析东方物流公司的市场营销思路。请问该公司的市场营销体系结构是什么？

剖析:营销一定有方法和规律可循——"四步法"。
第一步:调查——发现市场机会。
第二步:细分——选择目标市场。
第三步:策划——营销组合策略。
第四步:实施——有效营销管理。

1. 物流业务所营销的产品是什么?
2. 物流业务产品的特点是什么?
3. 物流业务市场营销有些什么特点,与普通货物的营销会有哪些不同?

营销是一门艺术,有一定的方法和步骤可循,我们要通过学习,掌握物流市场营销的方法,但是如何灵活运用,则需要领悟,不要做营销"近视眼"。

知识导入

一、物流的定义

2001年8月1日正式实施的《中华人民共和国国家标准:物流术语》中对物流的定义是:物流是从供应地向接受地的实体流动过程。根据实际需要,对运输、储存、装卸、搬运、包装、流通加工、配送、信息处理等基本功能实施有机结合。

一般认为,物流活动是从配送与后勤管理中演变形成的。1935年,美国的销售协会最早对物流(配送)(physical distribution)下了定义:包含于销售之中的物质资料和服务与从生产地点到消费地点流动过程中伴随的种种经济活动。国内学者认为这就是关于物流的最早表述。1918年,第一次世界大战时,英国犹尼利弗的商人哈姆勋爵成立了一个"即时送货股份有限公司",公司的宗旨是在全国范围内把商品及时送到批发商、零售商和用户的手中,这一事件被认为是物流活动最早的文献记录。

后勤管理(logistics)在物流管理的起源和发展过程中扮演着重要的角色。后勤管理最初起源于军事战时物资的供应管理。第二次世界大战时,美国根据军事上的需要,在对军火进行供应时,首先采用了"后勤管理"这一词。后来后勤管理形成了一个独立的学科,不断发展形成后勤工程(logistics engineering)、后勤分配(logistics distribution)等。

美国学者鲍沃索·克斯在1974出版的 *Logistics Management* 一书中对后勤管理下了定义:以买主为起点,将原材料、零部件、制成品在各个企业之间有策略地加以流转,最后达到用户手中,其间所需要的一切活动的管理过程。这是比较全面的关于后勤管理的论述。

物流管理有狭义与广义两个方面的含义。狭义的物流管理是指物资的采购、运输、配送、储备等活动,是企业之间的一种物资流通活动。广义的物流管理包括了生产过程中的物料转化过程,即现在人们通常所说的供应链管理,所以国外有人认为供应链管理实际就是物流管理的延伸和扩展。

1. 物流的构成要素

物流的构成要素有流体、载体、流向、流量、流程和流速。

2. 物流的分类

按照不同的标准,物流可做不同的分类,通常,物流可以按以下几种方式分类:

(1)按物流的范畴分为社会物流和企业物流。

社会物流属于宏观范畴,包括设备制造、运输、仓储、装饰包装、配送、信息服务等,公共物流和第三方物流贯穿其中。企业物流属于微观范畴,包括生产物流、供应物流、销售物流、回收物流和废弃物物流等。

(2)根据作用领域的不同,物流分为生产领域的物流和流通领域的物流。

生产领域的物流贯穿生产的整个过程。生产的全过程从原材料的采购开始,便要求有相应的供应物流活动,即采购生产所需的材料。在生产的各工艺流程之间,需要原材料、半成品的物流过程,即所谓的生产物流。部分余料、可重复利用的物资的回收,就是所谓的回收物流。废弃物的处理则需要废弃物物流。

流通领域的物流主要是指销售物流。在当今买方市场条件下,销售物流活动带有极强的服务性,以满足买方的需求,最终实现销售。在这种市场前提下,销售往往以送达用户并经过售后服务才算终止,因此企业销售物流的特点便是通过包装、送货、配送等一系列物流实现销售。

(3)根据发展的历史进程,将物流分为传统物流、综合物流和现代物流。

传统物流的主要精力集中在仓储和库存的管理和派送上,而有时又把主要精力放在仓储和运输方面,以弥补在时间和空间上的差异。

综合物流不仅提供运输服务,而且包括许多协调工作,是对整个供应链的管理,如对陆运、仓储部门等一些分销商的管理,还包括订单处理、采购等内容。由于很多精力放在供应链管理上,责任更大,管理也更复杂,这是与传统物流的区别。

现代物流是为了满足消费者需要而进行的从起点到终点的原材料、中间过程库存、最终产品和相关信息有效流动及储存计划、实现和控制管理的过程。它强调了从起点到终点的过程,提高了物流的标准和要求,是各国物流的发展方向。国际上大型物流公司认为现代物流有两个重要功能:能够管理不同货物的流通质量;开发信息和通信系统,通过网络建立商务联系,直接从客户处获得订单。

(4)根据提供服务的主体不同,将物流分为代理物流和生产企业内部物流。

代理物流也叫第三物流(third party logistics,3PL),是指由物流劳务的供方、需方之外的第三方去完成物流服务的运作模式。第三方就是提供物流交易双方的部分或全部物流功能的外部服务提供者。

企业内部物流是指一个生产企业从原材料进厂后,经过多道工序加工成零件,然后零件组装成部件,最后组装成成品出厂,这种企业内部物资的流动称为企业内部物流。

(5)按物流的流向不同,还可以分为内向物流和外向物流。

内向物流是企业从生产资料供应商进货所引发的产品流动,即企业从市场采购的过程。

外向物流是从企业到消费者之间的产品流动,即企业将产品送达市场并完成与消费者交换的过程。

二、物流企业

1. 物流企业的定义

国家市场监督管理总局、国家标准化管理委员会公布了《物流企业分类及评估指标》推荐性国家标准。从2005年5月1日起，那些只有一个仓库或几辆卡车的企业不能随便自称为"物流企业"了。该标准对物流企业做出了新的定义，即"至少从事运输（含运输代理、货物快递）或仓储一种经营业务，并能够按照客户物流需求对运输、储存、装卸、包装、流通加工、配送等基本功能进行组织和管理，具有与自身业务相适应的信息管理系统，实行独立核算、独立承担民事责任的经济组织，非法人物流经济组织可比照适用"。

2. 物流企业类型

可根据物流企业以某项服务功能为主要特征，并向物流服务其他功能延伸的不同状况来划分物流企业类型。具体可分为：

(1)运输型物流企业。运输型物流企业应同时符合以下要求：

①以从事货物运输业务为主，包括货物快递服务或运输代理服务，具备一定规模。

②可以提供门到门、门到站、站到门、站到站运输服务和其他物流服务。

③企业自有一定数量的运输设备。

④具有网络化信息服务功能，应用信息系统可对运输货物进行状态查询、监控。

(2)仓储型物流企业。仓储型物流企业应同时符合以下要求：

①以从事仓储业务为主，为客户提供货物储存、保管、中转等仓储服务，具备一定规模。

②企业能为客户提供配送服务以及商品经销、流通加工等其他服务。

③企业自有一定规模的仓储设施、设备，自有或租有必要的货运车辆。

④具备网络化信息服务功能，应用信息系统可对货物进行状态查询、监控。

(3)综合服务型物流企业。综合服务型物流企业应同时符合以下要求：

①以从事多种物流服务业务为主，可以为客户提供运输、货运代理、仓储、配送等多种物流服务，具备一定规模。

②根据客户的需求，为客户制定整合物流资源的运作方案，为客户提供契约性的综合物流服务。

③按照业务要求，企业自有或租用必要的仓储设施、运输设备及其他设备。

④企业具有一定的运营范围的货物集散、分拨网络。

⑤企业配备专门的机构和人员，建立完备的客户服务体系，能及时、有效地提供客户服务。

⑥具备网络化信息服务功能，应用信息系统可对货物进行状态查询、监控。

读一读

UPS 的客户服务

UPS的客户经常使用Web站点跟踪一件包裹，但他仍希望能与工作人员交谈以便得到确认。于是客户使用了一个数据网络进行Web交易，并使用一个语音网络进行电话交谈。UPS正在将这两种并行通信量集成入一个统一网络，以便改进客户服务并节省运营成本。UPS提供预先包裹可见服务，让您能够查看成千上万件出入境货物的状态。

1. 服务类产品有什么特点?
2. 物流产品是一种服务类产品吗?

三、物流服务的特征

菲利普·科特勒把服务定义为"一方提供给另一方的不可感知且不导致任何所有权转移的活动或利益"。服务是一种涉及某些无形因素的活动、过程和结果。它包括与顾客或他们拥有的财产间的互动过程和结果,并且不会造成所有权的转移。可以看出,服务不仅是一种活动,而且是一个过程,还是某种结果。

物流服务的特征主要是通过与一般产品相比较而表现出来的。物流服务所具有的独特属性是物流服务市场营销人员在营销管理过程中自始至终要牢记和考虑的重要因素。正是服务所具有的特征属性才使得物流服务市场营销更有特色和更富有挑战性。

1. 不可触知性

物流服务最明显和最重要的特征是不可触知性。

有形产品常常表现为一个实体,服务则表现为一方向另一方提供任何行为、绩效或努力。所谓物流服务的不可触知性,是指它具有抽象性,它不能像一般产品那样形象地展示在客户面前。看不见,摸不着,听不到也闻不到它的存在;购买后,只能从感觉上评价和衡量它的质量与效果。

我们要将物流服务过程与服务效果区别开来。服务效果可能会延续较长一段时间,但物流服务过程在过程提供后就消失了。

2. 不可储存性

物流服务的第二个特征是不可储存性。这是指物流服务在提供的同时就转瞬即逝,随着每一个活动的结束而即刻消失、不复存在了。例如,为客户提供的配送服务,其配送过程一结束,这种服务活动也就不复存在了。物流服务的不可储存性是由其不可触知性所决定的。因为物流服务不能储存,只能在提供时使用、消费,如不使用就浪费掉了。这与产品市场营销大不相同,物流服务失去了库存这一有价值的缓冲环节,不能像有形产品那样在销售淡季(营业低峰期)将物流服务储存起来,待旺季(高峰期)到来再供应市场。

3. 不可分离性

不可分离性是指物流服务的生产过程与消费过程同时进行,即物流服务人员提供服务于客户时,正是客户消费服务的时候,不能从时间上将二者分离。物流服务的这种特性表明,客户需要加入到物流服务的过程中才能最终获得服务的消费。由于客户直接参与物流方案的认定(即生产过程),对客户如何管理,使物流服务的推广有效地进行,成为物流服务营销管理的一个重要内容。

4. 服务差异性

物流服务的差异性是指服务的构成成分及其质量水平经常变化,很难统一界定。物流服务行业是以"客户"为中心的产业,服务绩效的好坏不仅取决于物流服务提供者的素质,而且与客户个性差异的存在密切相关,使得对于物流服务的质量检验很难采用统一的标准。一方面,由于物流服务人员的原因(如心理状态、服务技能、努力程度等),即使同一物流服务人员提供的物流服务在质量上也可能会有差异;另一方面,由于客户直接参与物流服务的生产与消费过程,于是客户本身的因素(如知识结构水平、爱好等)也直接影响物流服务的质量与效果。例如:同听一堂课,有人津津有味,有人昏昏欲睡;同是外出旅游,有人乐而忘返,有人败兴而归。

5. 缺乏所有权

缺乏所有权是指在物流服务的生产与消费过程中不涉及任何东西的所有权转移。既然物流服务是无形的又不可储存,物流服务在交易完成后便消失了,客户并没有"实质性"地拥有服务。缺乏所有权会使客户在购买物流服务时感受到较大的风险,如何克服此种消费心理,促进物流服务的销售,是物流营销管理人员所要面对的问题。

四、物流服务营销

早在20世纪70年代,当时全球经济在第二次世界大战结束后的几十年中得到了飞速发展,人民生活水平不断提高,服务业由此也得到迅速发展。营销理论界对服务营销的特性开始予以越来越多的关注。1981年布姆斯和比特纳(Booms and Bitner)建议在传统市场营销理论4PS的基础上增加三个"服务性的P",即人(people)、过程(process)、物质环境(physical evidence)。7PS的核心在于:

首先,揭示了员工的参与对整个营销活动的重要意义。企业员工是企业组织的主体,每个员工做的每件事都将是客户对企业服务感受的一部分,都将对企业的形象产生一定的影响。应让每个员工都积极主动地参与到企业的经营管理决策中来,真正发挥员工的主人翁地位。

其次,企业应关注在为用户提供服务时的全过程,通过互动沟通了解客户在此过程中的感受,使客户成为服务营销过程的参与者,从而及时改进自己的服务来满足客户的期望。企业营销也应重视内部各部门之间分工与合作过程的管理,因为营销是一个由各部门协作、全体员工共同参与的活动,而部门之间的有效分工与合作是营销活动实现的根本保证。

1. 物流服务营销的定义

物流服务营销主要为不可感知,却使欲望获得满足的活动,而这种活动并不需要与其他的产品或服务的出售联系在一起。生产服务时可能会或不会利用实物,而且即使需要借助某些实物协助生产服务,这些实物的所有权将不涉及转移的问题。

物流服务营销是物流企业为了满足客户对物流服务产品所带来的服务效用的需求,实现企业预定的目标,通过采取一系列整合的营销策略而达成服务交易的商务活动过程。物流服务营销的核心理念是客户满意和客户忠诚,通过取得客户的满意和忠诚来促进相互有利的交换,最终实现营销绩效的改进和企业的长期成长。

2. 物流服务营销的本质

(1)物流服务营销的核心是满足客户对物流产品的需求。为此,物流企业必须充分了解客户的需求,不断地提供创新服务,以向客户提供其需要的物流服务产品。客户对物流服务产品的需要,不是物流服务产品本身,而是物流服务产品所能够给客户带来的服务效用。

(2)物流服务营销的手段是一系列整合的营销策略。物流服务营销要取得实效,不能仅仅靠某一项营销策略及措施,而应将物流企业各部门及营销组合各因素进行整合,采取综合的物流服务营销策略与措施。

(3)物流服务营销的目的是达成交易,实现物流企业的预定目标。

3. 物流服务营销的特点

在市场经济条件下,物流企业是一种具有独特的服务性(从事物流活动,提供物流服务)的

经济组织,根据物流企业所提供的物流服务的特点,物流服务营销具有以下特点:

1)物流企业营销的产品是服务

对于物流企业来说,它提供的产品不是简单的运输、仓储、装卸等环节的空间组合,而是一个系统化的全过程的服务,是一个贯穿在服务产品中的整个时间、空间的增值服务,它的无形性使得客户难以触摸予以评判,而与客户的感受有很大的关系,需要通过场所气氛、人员素质、价格水平、设备的先进程度和强大的供应链整合能力等反映服务能力的信息让客户感受,以此决定物流的服务质量。

2)物流市场营销的服务能力强大

随着物流市场需求的演变,个性化需求越来越突出,这要求物流企业必须具有强大的营销服务能力与之相适应,一个成功的物流企业,必须具备较大的运营规模,能有效地覆盖一定的地区,同时还应具有先进的指挥和控制中心,兼备高水准的综合技术、财务资源和经营策略。

3)物流服务营销的对象广泛、市场差异度大

由于供应链的全球化,物流活动变得越来越复杂,各工商企业免不了将资源集中于自己的核心业务上,常常将自己的非核心业务外包。这些急剧上升的物流外包为物流企业提供了广阔的市场和服务对象,已经涉及各行各业,客户的广泛也导致了市场的差异。物流企业面对这样差异大、范围广的市场,就要求物流企业在进行营销工作时,必须根据目标市场客户企业的特点为其量身定制,并建立起一套高效合理的物流解决方案。

4)物流服务的质量由客户的感受决定

由于物流企业提供的产品的特殊性,它所提供的服务的质量不是由企业决定的,而同客户的感受有很大关系,由客户接受服务以后的感受决定。物流企业可通过场所规模、服务人员素质、价格水平、供应链整合能力、先进的设备及信息管理等方面反映出物流企业服务能力,让客户感受到物流企业服务水平的状况,以决定客户反映物流企业的服务质量。

4. 物流服务营销的作用

(1)物流企业重视营销管理既是物流市场发展的客观要求,也是物流企业应对竞争环境提高自身生存和发展能力的实际需要。

(2)营销管理是物流企业的核心职能之一。

习题与思考题

1. 什么是市场营销,如何理解其含义?
2. 市场营销观念与推销观念的主要区别是什么?
3. 物流服务有哪些特征?
4. 简述物流服务营销的含义和特征。
5. 物流企业有哪几种类型的业务?请分析仓储业务与运输业务这两种物流业务的服务产品特征有哪些不同。

模块2　物流市场营销环境分析

(1)掌握物流市场营销外部环境分析法。

(2)掌握物流市场营销内部环境分析法。
(3)掌握物流市场营销SWOT分析法。
(4)掌握物流企业竞争者分析法。

(1)对物流企业进行外部环境分析。
(2)对物流企业进行内部环境分析。
(3)对物流企业进行SWOT分析。
(4)对物流企业进行竞争者分析。

任务1 物流企业营销环境分析

活动一:调研无锡物流公司面临的宏观环境。
操作步骤:
(1)将班级同学分组,每组确定一名负责人。
(2)每组选定一家物流企业。
(3)学生调查该物流企业的宏观环境情况。
(4)每组学生调查结束后,在教室进行总结发言。
活动二:调研无锡物流公司面临的微观环境。
操作步骤:
(1)将班级同学分组,每组确定一名负责人。
(2)每组选定一家物流企业。
(3)学生调查该物流企业的微观环境情况。
(4)每组学生调查结束后,在教室进行总结发言。
活动三:为选定的物流企业进行SWOT分析。
操作步骤:
(1)将班级同学分组,每组确定一名负责人。
(2)每组选定一家物流企业。
(3)学生对该企业进行SWOT分析。
(4)每组学生分析结束后,形成SWOT分析报告,并在教室演讲。
(5)老师和学生共同评论该组报告的优劣。

一、物流市场营销环境分析思路

物流市场营销环境分析图如图1-5所示。

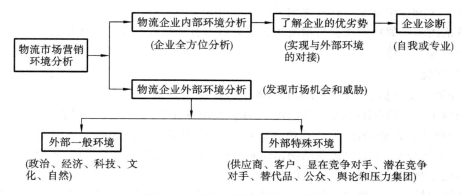

图 1-5 物流市场营销环境分析图

二、物流市场营销环境

物流市场营销环境是指一切影响、制约物流企业营销活动的所有外部力量和相关因素的集合。它是影响企业生存和发展的各种外部条件。一般可以将它分为宏观环境和微观环境。

(一)物流市场营销宏观环境分析

物流市场营销宏观环境是指物流企业所处的外部宏观环境,是指给物流企业造成市场机会和环境威胁的主要力量。它涉及面广,是企业面临的外界大环境。它的因素多为企业不能控制的,常常给企业带来机遇和挑战。因而,物流企业的一切活动必须适应宏观环境的变化。

可分为五部分:politics,政治环境(包括法律环境);economy,经济环境;society,社会环境(包括人口、文化、自然因素);technology,技术环境;nature,自然环境。因此,外部环境分析又称 PESTN 分析。

1. 政治法律环境

政治法律环境泛指一个国家的社会制度,如执政党的性质,政府的方针、政策,以及国家制定的有关法令、法规等。政治与法律是影响企业营销的重要的宏观环境因素。

(1)国家的政治体制。国家的政治体制是国家的基本制度及国家为有效运行而设立的一系列制度,如政府部门结构及选举制度、公民行使政治权利制度、经济管理体制等,它决定着政府行为和效率。

(2)政治稳定性。政治稳定性包括政局和政策的稳定性。中国能够以较大的额度和较快的增长速度吸引外资,其中除了中国的劳动力等生产要素价格相对便宜外,更为重要的是我们有更加稳定的政局和国际关系,从而带来了政策的稳定性、连续性和持久性,这给国外的众多投资者提供了巨大的安全感。

(3)国际关系。国际关系即国与国之间的政治关系会影响它们之间的经济关系,而后者会影响企业的经营。

(4)法制体系。法制体系是由国家制定并被强制实施的各种行为规范的总和,如宪法、刑法、民事诉讼法、公司法、劳动法、环境保护法、专利法、海商法、《中华人民共和国水路运输服务业管理规定》、《汽车货物运输规则》、《港口货物作业规则》、《中华人民共和国国际海运条例》、《道路零担货物运输管理办法》、《中华人民共和国水上安全监督行政处罚规定》等。作为 WTO 成员方,还必须遵循相关的国际规则和行业惯例,如与服务贸易有关的 GATS(服务贸易总协定)以及ISM Code(国际安全管理规则)等。

(5)政治团体。如物流或者与物流相关或对物流有影响的行业组织和协会、公众团体、妇联组织、共青团和工会等。

2. 经济环境

经济环境主要包括宏观经济环境和微观经济环境两方面。

(1)国内生产总值(GDP)及增长速度。GDP是统计在中国境内的一切企业的生产总值,也包括在中国的外资企业,国民生产总值(GNP)只包括中国境内的国内企业的生产总值。GDP的增长是由增加投资、扩大内需及鼓励出口贡献的。GDP的高速增长,会带来物流服务需求的快速增长,也给物流企业带来了巨大的机遇。

(2)市场规模。市场规模是指一个国家的市场容量或商品的总需求水平。它与人口规模及购买力水平密切相关。

(3)生产要素市场的完善程度。这是与生产有关的一切要素,如市场的开发程度,商品市场、资金市场、劳动力市场、技术市场、房地产市场、信息市场等,是否可以在自由市场体系中,通过购买获得。生产要素市场的完善程度越高,越容易从市场中,而不是通过其他的途径获得生产或服务所需要的一切有用的资源,而且,这种获得也越公平合理。

(4)经济和物流政策。

(5)国家的物价总水平特别是与物流相关及具有联动影响的能源材料的价格水平及其变化趋势。

3. 社会文化环境

社会文化环境是指由价值观念、生活方式、宗教信仰、职业与教育程度、相关群体、风俗习惯、社会道德风尚等因素构成的环境。

4. 科技环境

随着科学技术的发展,特别是信息技术的发展,各种现代化的交通工具和高科技产品层出不穷。它们既为物流企业的高质量服务水平提供了技术支持,也为物流企业进行市场营销活动的创新提供了更先进的物质技术基础。

科学技术发展一方面促进了企业物流装备的现代化,如集装设备、物流设施、仓库设备、铁道货车、货船、汽车、货运航空器、装卸设备、输送设备、分拣与理货设备、物流工具等。另一方面,促进了信息技术与网络设备的现代化,如基础应用层面的有INTERNET(因特网)、GIS(地理信息系统)、GPS(全球卫星定位系统)、BAR CODE(条形码)、RF(射频技术)等,作业层面的有JIT(准时制工作法)、POS(销售时点信息)、ECR(有效客户信息反馈)、ACEP(自动连续补货)、QR(快速响应)、MIS(管理信息系统)、ERP(企业资源计划)、DRP(分销资源计划)、CRM(客户关系管理)、SCM(供应链管理)等。

5. 自然环境

自然环境包括自然资源、气候、地质和地形、地理位置。自然环境对物流企业的影响是巨大的,因为物流企业是以运输、储存为主要特征的服务企业。物流企业保管和储存的商品涉及各个类别、各种特征,保管的技术千差万别,受环境如雨、雹、风、寒、阴、冷、潮等的影响极大。而运输气候的影响则更为严重。

请阅读《2017年全国重点企业物流统计调查报告》(资料来源：中国物流与采购联合会，中国物流信息中心，http://www.cn156.com/article-87193-1.html)。

思考：(1)从以上资料你可以得出哪些物流信息？

(2)请根据以上资料分析，对下一年物流业务发展趋势做一推断。

(二)物流市场营销微观环境分析

物流市场营销微观环境是指构成企业营销系统的各个组成部分，包括物流企业内部环境、供应商、营销中介、客户、竞争者和社会公众等因素。它们之间形成协作、服务、竞争与监督的关系，直接制约着企业为目标市场服务的能力。

1. 物流企业内部环境

物流企业内部环境主要包括：企业人力资源状况，即物流企业经营管理者的素质及管理水平、员工素质及构成；物流企业提供的物流服务种类及客户的信息反馈；物流企业的服务文化及经营理念；物流企业营销整体策略；物流企业的区位特征及网络规划等。

2. 供应商

物流供应者是指从事物流活动和业务所必需的各种资源和服务产品的供给者。它包括：直接向物流市场提供各类物流活动、服务项目及有形产品的各类企业；为物流企业提供设备、工具、机械、能源、土地、厂房设施等的各类供应商；为物流企业提供信贷资金的各类金融机构；为物流企业生产经营过程提供各类服务和劳务的机构等。供应商对物流企业营销活动的影响主要表现在三个方面：一是供应的可靠性，即资源供应的保证程度，这将直接影响物流企业的服务能力和交货期；二是资源供应的价格及其变动趋势，这将影响到物流企业服务的成本；三是供应资源的质量水平，这将影响到物流企业提供的服务质量。因此，物流企业加强与供应商互惠互利，建立彼此间的信任关系，降低营销成本，实现营销目标。若供应商选择不当或出现问题，将给企业的经营带来不可估量的损失。

3. 物流市场的营销渠道企业

物流市场的营销渠道企业包括物流企业的供应商、商人中间商、代理中间商和各类辅助商等。物流营销中介是指协助物流企业把物品从供应地运送到接收地的活动过程中所涉及的所有中间机构，包括各类中间商和营销服务机构。对于物流企业而言，就是各类货运代理机构等。营销服务机构主要包括营销调查机构、营销研究机构、广告代理机构、企业形象设计机构、媒体机构、营销咨询机构、物流服务项目代理机构等。

4. 物流用户或消费者市场

物流用户或消费者市场包括国内外消费者市场、生产者市场、中间商市场、政府及一切事业单位市场等。

无论是哪类用户或消费者市场，营销的目的都在于确定客户所期望的价值。而要很好地了解客户的需求价值所在，必须知道企业提供的产品是什么，它有哪些突出价值和优势，企业又是怎样与客户打交道的，派什么样的人，要求什么样的素质，通过怎样的价格向顾客出售产品或服务等。同时，还要注意随时将自己的客户按大、中、小级别加以区分，进行有效的分类，建立详细的档案，以便区别对待，加以严格的管理和有效的沟通。

5. 公众

公众是指那些会给物流企业实现其营销目标构成实际或潜在影响的任何团体,包括金融公众、媒体公众、政府机构公众、企业内公众、社会一般公众和压力集团等。物流企业所面对的公众的态度,将会协助或妨碍企业营销活动的正常开展。物流企业必须采取积极措施,树立良好的企业形象,力求保持与公众间的良好关系。

三、物流企业经营的优势与劣势、机会与威胁分析

物流企业为了谋求长期的生存与发展,根据外部环境和内部条件的变化,对企业做出具有长期性、全局性的计划与谋略。物流服务营销战略分析是制定营销战略的重要组成部分和先决条件。其分析方法可以采用SWOT法,即分析物流企业优势(strength)、劣势(weakness)、机会(opportunity)和威胁(threat)。其核心就是通过对企业外部环境与内部条件的分析,明确企业可利用的机会和可能面临的风险,并将这些机会和风险与企业的优势和缺点结合起来,形成企业不同的战略措施。

(一)基本原理

SWOT分析法是由旧金山大学的管理学教授于20世纪80年代初提出来的,又称为态势分析法,是一种综合考虑企业内部条件和外部环境的各种因素,进行系统评价,从而选择最佳经营战略的方法。

SWOT四个英文字母分别代表优势(strength)、劣势(weakness)、机会(opportunity)、威胁(threat)。

物流企业的优势是指企业在执行策略、完成计划和实现目标时可以加以利用的能力、资源和技能。物流企业的劣势是指企业在能力和资源方面的短缺和不足。一个企业的竞争力指数由以下几个指标构成:市场份额、产品或服务的独特性、服务的质量、顾客的忠诚度、企业的知名度、行业的成本和利润水平、企业的制造能力、企业的技术优势、企业的人力资源优势、企业的研究和发展能力、企业的专利、企业的营销能力和网络优势、企业的组织结构和适应性等。

(二)用SWOT法分析的步骤

把企业已识别出的优势分成两组,分组的依据是看它们是与外部行业产生的机会有关还是与威胁有关。用同样的表格把所有劣势分成两组,一组与机会有关,一组与威胁有关,建构一个表格,每个占1/4,把企业的优势和劣势与机会或威胁相配对,分别放在每格里。

物流企业的SWOT战略分析图如图1-6所示。

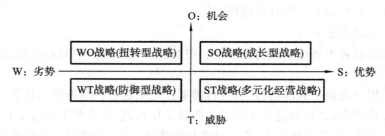

图1-6 物流企业的SWOT战略分析图

(三)用SWOT分析法进行物流企业市场环境分析(企业内外环境对照法)

应用步骤:

(1)扫描环境因素,分析企业的优势和劣势、可能的机会与威胁。

该技术被广泛应用于战略分析与制定的过程,它是公司评估其战略地位、明确物流市场营销环境的一种简单而有效的工具。采用此工具在物流企业市场营销策略制定过程中,对物流企业的优势、劣势、机会、威胁等进行深入剖析,力求使企业的市场营销策略建立在其优势的基础上而最大限度地消除劣势,并通过调整变威胁为机会,变机会为优势。

(2)构造SWOT矩阵。

(3)制订行动计划。

①理想业务(成长型战略):开发市场,增加产量。

②成熟业务(扭转型战略):扭转内部不利局面。

③困难业务(防御型战略):联合、兼并。

④冒险业务(多元化经营战略):多种经营,分散风险。

(四)SWOT分析法的意义

SWOT分析法的意义具体表现为:能够明确物流企业的优势与劣势;能够明确企业面临的机会与威胁;能够使物流企业认识到应放弃的业务;能够让物流企业把握住要重点推动的业务,加速企业的发展。

1.《报告预测我国全年GDP增速6.6%左右》(资料来源,中国物流与采购网,http://www.chinawuliu.com.cn/zixun/201810/26/335814.shtml)。

思考:请根据资料进行分析,GDP增速对于物流行业的发展有什么影响?

2.《关于中国物流企业50强排名的通告》(资料来源,中国物流与采购网,http://www.chinawuliu.com.cn/lhhkx/201710/16/325400.shtml)。

思考:(1)请分析你所调查的企业属于哪一类物流企业,其主要的物流产品是什么。

(2)请问你调查的物流企业其优势在哪里?

任务2 物流企业竞争者分析

活动:分析物流公司的竞争者。

操作步骤:

(1)将班级同学分组,每组确定一名负责人。

(2)每组分别选定一家物流企业。

(3)学生对该物流公司的竞争者进行分析。

(4)每组学生调查结束后,在教室进行总结发言。

案例分析

《顺丰、"三通一达"等快递企业2018年竞争状况分析》（消息来源：中国物流与采购网站——学术研究——企业案例——第三方物流，http://www.chinawuliu.com.cn/xsyj/201804/02/329931.shtml）。

思考：(1)未来快递企业的竞争主要体现在哪些方面？

(2)在强强竞争时，如何避免两败俱伤的局面？

知识导入

一、影响物流企业竞争的五种力量

行业竞争分析模型如图1-7所示。

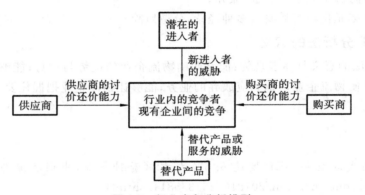

图1-7 行业竞争分析模型

1. 物流市场显在的竞争对手

企业竞争者很多，但要按照可比性原则，找出自己的竞争对手，要区分不同的重量级别，主要应该了解自己，把自己与对手加以比较。可以通过能反映企业竞争实力的主要指标如销售增长率、市场占有率和产品及服务的获利能力等来分析自己和竞争对手，并要有专人监测竞争对手的发展动向。

2. 物流市场潜在的竞争对手

当企业处于一个有利可图或前景看好的行业中时，必然引来其他行业有雄厚资金或实力的企业进入，要防止这些竞争对手的进入，可以从以下几方面入手：要迅速形成一定的规模，企业形成规模后，可以降低单位产品的平均成本，可以有效对抗一些新的和小的竞争企业；要迅速控制关键资源，企业控制了关键资源可以保护自己不被进入者干扰，关键资源包括资金、专利、专有技术、原材料供应、分销渠道、专业人员、经验或资源的使用方法或工艺等；建立品牌优势，使企业具有较高的美誉度和知名度，形成品牌优势；利用政府政策优势等。

二、物流市场营销的微观环境

物流市场营销微观环境是指直接影响物流企业在目标市场开展营销活动的因素，包括物流企业、供应商、营销中介、顾客、竞争者、社会公众等（见图1-8）。这些因素与物流企业紧密相连，直接影响物流企业为顾客服务的质量和能力。

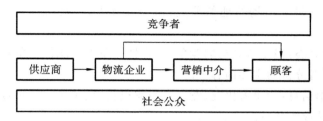

图1-8 物流企业微观环境的主要构成要素图

1. 物流企业

物流市场营销微观环境的第一个重要因素是物流企业本身,物流企业本身内部环境的优劣,是企业成功与否的关键。

物流企业自身的人才资源、信息技术、运输设备、装卸搬运设备、储存设备、资金能力等自身条件对企业能否向客户提供高质量的物流产品和服务有着直接影响。

2. 市场营销渠道企业——供应商

物流市场营销微观环境中的第二个因素是物流市场营销渠道企业,包括供应商和营销中介。物流供应商是指物流企业从事物流活动所需资源和服务的提供者。

供应商对物流企业营销活动的影响主要表现在三方面:一是供应的可靠性,二是资源供应的价格及其变动趋势,三是供应资源的质量水平。

3. 市场营销渠道企业——营销中介

物流营销中介是指协助物流企业把物品从供应地运送到接收地的活动过程中的所有中介机构,包括各类中间商和营销服务机构。

对物流企业而言,其中间商就是众多的货运代理机构,营销服务机构主要包括营销研究机构、广告代理商、媒体机构等。

4. 顾客(目标市场)

物流市场营销微观环境中的第四个因素是顾客,即消费者、目标市场。顾客不同的需求变化,制约着物流企业的营销决策和服务能力。客户是物流企业服务的对象,是物流企业一切营销活动的出发点和最终归宿。

5. 竞争者

竞争者是一般是指那些与本企业提供的产品或服务类似,并且有着相似的目标顾客和相似价格的企业。

企业的竞争者包括愿望竞争者、一般竞争者、产品形式竞争者和品牌竞争者。

1)物流企业竞争者分析的方法

(1)竞争者的含义。

从狭义上说,竞争者就是与本企业提供相同产品不同品牌的所有组织和个人,也就是日常市场竞争中所遇到的竞争者,在市场竞争中他们会给本企业带来较大的威胁;从广义上说,竞争者则是指那些与本企业争夺客户手中货币的所有组织和个人,这有利于本企业更清晰、更全面地分析和了解竞争者。

(2)竞争者的分类。

①按不同层次对竞争者分类：品牌竞争者、行业竞争者、产品形式竞争者、欲望竞争者。

②按竞争者在同一目标市场的地位分类：市场领导者、市场挑战者、市场追随者、市场补缺者。

③按竞争者特性分类：强竞争者与弱竞争者、良性竞争者与恶性竞争者。

2）物流企业竞争者分析的主要内容

(1)竞争者的基本信息：竞争者概况、竞争者组织机构、竞争企业的负责人背景。

(2)竞争者的产品或服务特点。

了解主要竞争企业的产品或服务特点可以从收集各竞争企业的产品说明书、分析其主要产品的广告内容等方面入手，通常各企业都会在产品说明书或者广告中，把自己产品或服务中的最突出的优点陈述出来。

有的时候，也可以通过购买并深入研究主要竞争企业的产品或服务的方法来了解其产品或服务的特点。

(3)竞争者的市场策略。

①竞争者的渠道策略。

了解竞争者的销售渠道状况对于企业来说具有多方面的意义：第一，通过分析竞争者的渠道，掌握竞争者的销售动态；第二，寻找销售渠道中的空白点，作为自身发展的基础；第三，便于有针对性地从渠道角度与竞争者展开角逐。

②竞争者的定价策略。

定价策略是企业经营策略的重要手段。价格是市场营销组合中十分敏感而又难以控制的因素，它直接关系着市场对产品的接受程度，影响着市场需求和企业利润的多少，涉及市场中各方的利益。

③竞争者的促销策略。

促销策略在刺激目标客户对企业产品或服务的需要、增加销售、改善形象、提高知名度等方面起着十分重要的作用。因此，对于竞争企业的各种促销活动必须给予充分关注。这样，一方面可以从中获取许多有用的信息，另一方面可以分析判断出竞争企业的意图和动向。现实竞争者和潜在竞争者关系图如图1-9所示。

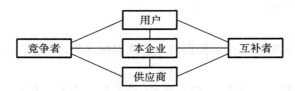

图1-9　现实竞争者和潜在竞争者关系图

1．如何识别物流企业的竞争者？

2．在班级里展开讨论，归纳总结出从哪些因素方面识别竞争者及制定竞争策略。

模块 3　物流市场调查及市场预测

学习目标

(1) 掌握物流市场调查过程和方法。
(2) 掌握物流市场调查表的设计方法。
(3) 掌握物流市场信息分析的方法。
(4) 掌握物流市场营销预测的方法。

工作任务

(1) 进行物流市场调查表设计。
(2) 进行物流市场调查。
(3) 进行物流市场信息分析。
(4) 进行物流市场预测。

任务 1　物流服务市场调查

领任务

活动一:进行市场调研。
操作步骤:
(1) 将班级同学分成八人一组,每组确定一名负责人。
(2) 每组选定一家物流企业(之前做过 SWOT 分析的物流企业)。
(3) 假设小组成员是该物流企业的营销人员,针对公司的业务特点,面向电子企业设计一份市场调查问卷。
(4) 小组讨论,确定营销调研项目及工作内容,并制定调研方案,调研方案要求包括调研题目、调研目的、调研内容、调查者、调研方法、实施计划、调研日程安排及调研费用预算等。
(5) 在课堂上交流调研方案,由老师负责点评和评价。

活动二:进行市场信息分析。
操作步骤:
(1) 将班级同学分成八人一组,每组确定一名负责人。
(2) 每组选定一家物流企业(之前做过 SWOT 分析的物流企业)。
(3) 根据之前已收集的物流企业信息,进行信息分析,撰写市场调查报告。
(4) 在课堂上交流调研报告,由老师负责点评和评价。

一、物流服务市场调查概述

(一)物流服务市场调查的意义

物流服务市场调查是指对物流服务的购买者或使用者、物流购买者其物流活动上下游相关的组织个人及物流服务市场运营的各阶段进行调查,系统地搜集、记录、分析并解释其资料,以运用于支持物流管理人员的决策。通过调查,物流企业可以掌握市场的发展变化现状和趋势,为市场预测提供科学依据。

(二)物流服务市场调查的内容

1. 物流市场需求和变化趋势调查

(1)调查物流服务市场消费结构的变化情况、分布情况、消费量及潜在客户情况等。

(2)对物流需求特点进行调查,分析并了解客户的购买偏好和差异。

(3)市场需求变化趋势的调查。从物流需求者特点的变化状况、改变销售战略可能引起的变化、竞争者的变化等状况入手,做趋势调查。

2. 客户资源调查

(1)调查主要客户数、主要客户的行业分布及区域分布、主要客户的稳定性与亲和度、主要客户的物流发展计划。

(2)调查主要客户的未来物流需求、物流服务购买者市场的基本结构和特征,这些购买信息能够帮助物流服务营销人员进行状况分析并制定目标市场战略。

3. 物流服务产品和价格调查

(1)调查市场上同类物流服务产品的性能、价格及客户对物流服务的认识与建议等。

(2)调查物流服务成本及其变动情况。

(3)调查影响市场价格变化的因素、同类物流服务供求变化的情况、替代物流服务价格的高低及不同物流服务方案的定价方法。

(4)促销的调查,包括调查物流客户习惯通过哪些渠道了解物流信息,竞争企业的促销费用、广告、宣传、推广的效果等。

4. 物流流量及流向调查

(1)调查库存商品的入出库情况及主要的仓储方式。

(2)调查所承运商品的运量及主要运输方式。

(3)调查商品资源的离散程度。

(4)调查商品的流向及商品流通过程所覆盖的区域。

5. 竞争情报的调查和收集

(1)调查竞争者现有物流资源与现有用户资源。

(2)调查竞争者物流营销计划。

应该系统地收集、整理企业现有及潜在竞争者的信息,并对信息进行分析,以便了解竞争者的营销战略及未来发展方向。

(三)物流市场营销调研的类型

按市场营销调研的目的、性质划分:探索性调研、描述性调研、因果性调研、预测性调研。

按市场营销调研的内容划分:市场需求调研、产品调研、价格调研、促销调研、销售渠道调研、竞争调研、宏观环境调研。

二、物流市场营销调研的步骤

一般来说,市场营销调研可以分为五个主要步骤。

1. 确定调研目的

市场调研,目的是通过各种方法搜集必要的资料,并加以分析和整理,得出一定的结论,为企业决策者提供决策依据。调研第一步必须认真确定调研目的。确定市场调研的目的并不是十分容易的。通常可将调研的目的分成三类:

(1)探索性调研。收集初步数据,探索问题的性质、大小或为求得解决问题的思路进行调查研究。

(2)描述性调研。对市场及企业市场营销各种要素进行定量的描述。如电视机生产企业对次年国内市场的具体需求量大小进行调研,调研方法多采用定量的方法。

(3)因果性调研。对市场营销众多因素的相互因果关系进行调查研究。如销售与促销费用、价格有因果关系,在确定了这样的关系后,就可在具体销售指标的要求下,正确预算促销费用。

2. 确定收集资料的对象和方法

资料可分为第一手资料(企业为调查某问题而收集的原始资料)和第二手资料。第二手资料有:①内部资料,如公司的资产负债表、损益表、销售报告、存货记录等;②政府文件,如统计年鉴、行业资料统计等;③期刊资料,如专业杂志、消费者杂志的调查资料;④专业信息公司资料,如美国的 A.C. 尼尔逊公司、国内的零点调查公司都拥有各种专项资料出售。

一般来说,第一手资料获取成本高,但资料适用性强,第二手资料则相反。调查第一手资料的方法有调查法、观察法和实验法。

现成资料的调查对象一般可以分为企业内部和外部。企业内部可调查企业统计、营销、财务、档案室等部门,了解企业各层次相关人员,收集生产、营销、物流等的原始记录、统计报表、销售记录、销售发票、订货合同、送货单、运输单、退货单、财务报表、进货成本、生产成本、流通费用、利润、资金周转,查看工作总结、工作报告、业务建议、企业评估、用户反馈、企业活动策划方案等。企业外部可以调查政府有关部门、行业协会、社会团体、经销商、零售商、报社、电视台、官方资料、报刊资料、商业资料等。

原始资料的调查对象是消费者、代理商、批发商、零售商、供应商及一切与企业有业务及非业务往来的部门、单位等。

3. 收集资料

由于科学技术,尤其是电子技术的发展突飞猛进,许多传统的信息收集方法已为先进、迅速、准确、及时的电子方法所代替。如借助光学扫描仪,对出售商品上的条形码进行阅读、识别、记录,商品的库存等重要信息就可通过专用或原有电信网络传送到全国统一的信息中心并对配送中心等输出送货指令,从而提高工作效率和企业的经济效益。

4.分析资料

企业运用市场营销分析系统中的统计方法和模型方法对收集的信息加以编辑、计算、加工、整理。去伪存真,删繁就简,最后用文字、图表、公式将资料中潜在的各种关系,变化趋势表达出来。

5.提出调查结论,撰写调研报告

针对市场调研的问题,调研人员运用分析资料,提出客观的调查结论。通常用调研报告的形式将市场调研结果呈送决策者。对商业性市场调研公司来说,调研报告也是其递交客户的有关工作的主要结果。

三、物流市场营销调研的方法和技术

(一)调研的方法

1.观察法

观察法是调查者直接到调查现场进行观察,做出记录、录音或录像。

2.实验法

实验法是通过小规模的实验来了解情况,取得资料。这种调查形式主要用于新产品的试销和新方案实施前的调查。实验法将自然科学中的实验方法用于市场营销调查之中,是比较科学的调查形式,取得的资料比较准确,但所花费用较高,取得资料的时间较长。

3.询问调查法

询问调查法是指以询问的方式搜集调查资料,这是市场调查中常用的一种方法。询问调查通常采用直接询问、电话询问、邮寄询问和留置问卷询问等四种形式进行。

在调查中,可以根据调查项目的特点,对各种方法进行评定,选择最佳方法进行调查。市场营销调研实质上就是取得和分析整理市场营销信息的过程。

(二)调研的技术

1.问卷调查技术

1)问卷策划的主要步骤

(1)确定所要收集资料的具体内容和提出的问题。

(2)确定提问的方式。

(3)确定每个问题的措辞。

(4)确定每个问题的顺序。

(5)从总体上设计调查问卷的结构。

(6)送审与修改。将调查问卷送有关领导、专家或同行审阅,征求意见,全面修改。

(7)试查。

(8)定稿和复制。

2)问卷的提问方法

(1)封闭式提问。

①是否法。

【拓展与提高】请问您是否认为制造商或经销商提供物流服务可以增加便利性?

□是　　　　　　　　□否
②多项选择法。
【拓展与提高】企业与主要物流供应商的合作一般采取哪种形式？［可多选］
□签订合同　　　　　　　　　□战略联盟
□客户持有本公司股份　　　　□相互持股
□其他_____（请注明）
③语义差异法。
【拓展与提高】利用电子商务可以提高物流服务质量吗？
□非常认同　　□认同　　□普通　　□不认同　　□非常不认同
④排序法。
【拓展与提高】您所喜欢的物流服务商依次有（请根据您的喜欢程度分别标上序号）：
□中远物流　　□DHL　　□UPS　　□FedEx　　□TNT　　□宅急送
⑤比较法。
(2)开放式提问。
①自由回答法。
【拓展与提高】您对 AAA 物流公司提供的服务满意吗？为什么？
②词汇联想法。
【拓展与提高】当您听到（看到）以下词句时，首先会想到什么？
中国邮政——_____　　　　海尔——_____
或："谈到邮寄商品，我首先就会想到_____。"
③文章完成法。
【拓展与提高】"走进某物流公司，我发现××多了两种服务项目，而且价格也比以前更便宜。于是我想到……"

2. 抽样调查技术
1) 随机抽样
随机抽样是按随机的原则进行样本抽取，在调查对象中，个体被抽取的机会是均等的。随机抽样能够避免人们有意识地选择，所以抽出来的样本具有很好的代表性。随机抽样的方式有很多，常用的有：简单随机抽样、分层随机抽样和分群随机抽样等。

(1) 简单的随机抽样。随机抽样是总体样本中的每个个体都有被抽中的机会，可以用抽签法和随机数字法。

(2) 系统抽样（等距抽样）。系统抽样是按照某种顺序给总体中的所有个体编号，然后每隔 K 个单位抽出一个单位作为样本的抽样方法。K 值是指每隔多少抽一个，计算公式是：
$$K = N（总体个案数）/n（样本个案数）$$
例如，对××市城区的居民采用等距抽样的方法抽取 1 000 户，先把该市的 70 万户居民逐一编号，后按照每隔 700 户（$K = 700\,000/1\,000 = 700$）抽取一个样本的方法抽取样本。

(3) 分层抽样。分层抽样是先将总体按照某种特征或指标分成几个相互排斥而又可以穷尽的子体或层，然后在每个层内按照随机的方法抽取一定的个体。如按照分层的方法在上例××市城区抽取 500 户，可以按照该市内 4 区划分为 4 层，然后按照简单的随机抽样法在每个区中分别抽取 125 户。

(4)整群抽样。整群抽样是先将总体划分成许多相互排斥的子体或群,然后采用某种随机抽样,从中抽取若干个体。如要在××市抽取 300 户居民调查,先用随机抽样或等距抽样的方法在该市所有的居委会中选出 3 个,然后对这 3 个居委会中的每一户居民进行调查。

(5)多段抽样。如市—3 个区—10 个街道办—15 个居委会—500 个家庭。

2)非概率抽样

(1)偶遇抽样。偶遇抽样是被访问人员是在街上偶然遇见的,如目前企业使用最多的街头随访或定点拦截访问。这种方法有一定的局限性,企业应该慎用。

(2)判断抽样。判断抽样是根据调研者的经验和知识,在主观上对样本进行一定的筛选和剔除,如要调查未来想购买私家车的人员,就可以首先剔除 70 岁以上和未满 18 岁的人员等。

(3)配额抽样。配额抽样是根据总体结构特征来分派各组样本定额,使获取的样本结构特征与总体基本相似。如在一个 100 个样本的调查中规定,总的样本配额是:男女的比例为 1∶1,则若有 10 个访问员,每个人的样本是男女各 5 人。

(4)雪球抽样。雪球抽样主要用于已在总体样本中找到比较集中或十分稀有的样本,先用判断抽样或随机抽样的方法,选择一组调查对象,访问结束后再请他们帮助提供另外一些符合研究特征的被调查对象,依此类推,不断延伸,像滚雪球一样。

3)PPS 抽样

PPS(probability proportionate to size)抽样是一种不等概率抽样。前面所介绍的抽样方法有一个共同的特点,即总体中的每一个元素都有被抽中的可能,如果总体中的每个元素的大小或重要程度不同,则其代表性不一样,那么所抽样本的真实性就会受到影响。

【例 1-1】 我们要在××市选择 8 家物流企业做调查,并决定用企业的营运额指标(见表 1-2)作为选择企业的重要标准。

表 1-2 企业营运额

企业序号	企业名称	年营运额/万元	累计营运额/万元	产生的随机号码
1	N1	8 659	8 659	
2	N2	7 569	16 228	
3	N3	10 112	26 340	
4	N4	5 328	31 668	27 449
5	N5	14 563	46 231	
6	N6	12 034	58 265	52 132
7	N7	6 752	65 017	
8	N8	9 778	74 795	

PPS 方法具体步骤:

(1)根据各个企业营运额指标编制表 1-2。

(2)用计数器随机产生两个随机数(大于 0 小于 1),如 0.367 和 0.697。

(3)把产生的两个随机数分别乘以表 1-2 中的营运额的总累计数即 74 795,取整后分别是 27 449 和 52 132。

(4) 27 449 和 52 132 分别对应的企业即 N4 和 N6 就是用 PPS 法抽取的样本。

(5) 如果产生的随机号码很近,使得计算出来的随机号码对应的是同一个物流企业,则需要重新产生随机号码,直到满意为止。

任务 2　物流服务市场预测

活动:进行市场预测。

操作步骤:

(1) 将班级同学分成八人一组,每组确定一名负责人。

(2) 每组选定一家物流企业(之前做过 SWOT 分析的物流企业)。

(3) 假设小组成员是该物流企业的营销人员,根据市场调查问卷的收集情况,进行数据分析并进行市场预测。

(4) 在课堂上交流分析和预测结果,由老师和其他同学共同点评和评价。

一、物流市场营销预测概述

(一)物流市场营销预测的概念

预测就是根据过去和现在的已知因素,运用人们的知识、经验和科学方法,对未来进行预计,并推测事物未来的发展趋势。

物流市场营销预测就是物流企业根据历史统计资料和市场调查获得的市场信息,对市场供求变化等因素进行细致的分析研究,运用科学的方法或技术,对市场营销活动及其影响因素的未来发展状况和变化趋势进行预计和推测。

(二)物流市场营销预测的分类

按预测的性质不同,可分为定性预测和定量预测。

定性预测是指通过对预测对象目标运动的内在机理进行质的分析,以判断未来性质的变化情况的预测。

定性预测的特点:一是着重对事物发展的性质进行预测,主要凭借人的经验以及分析能力;二是着重对事物发展的趋势、方向和重大转折点进行预测。

定量预测是指运用严密的预测理论和根据这些理论所建立的数学模型,对预测对象未来状况用具体数量指标进行描述,据以预测未来量的具体变化程度。

定量预测方法有两个明显的特点:一是依靠实际观察数据,重视数据的作用和定量分析;二是建立数学模型作为定量预测的工具。

预测按照时间层次分:短期预测——一周至半年;近期预测——半年至两年;中期预测——两年至五年;长期预测——五年以上。

(三)物流市场营销预测的原理

1. 惯性原理

任何事物的发展在时间上都具有连续性,表现为特有的过去、现在和未来这样一个过程。没有一种事物的发展与其过去的行为没有联系,过去的行为不仅影响着现在,还会影响未来。因此,可以从事物的历史和现状推演出事物的未来。市场的发展也有一个过程,在时间上也表现为一定的连续性。尽管市场瞬息万变,但这种发展变化在长期的过程中也存在一些规律性(如竞争规律、价值规律等),可以被人们所认识。惯性原理是时间序列分析法的主要依据。

2. 因果原理

任何事物都不可能孤立存在,都是与周围的各种事物相互制约、相互促进的;一个事物的发展变化,必然影响到其他有关事物的发展变化。比如,一个国家在一定时期内采用某种特定的经济政策,势必对市场发展产生某种影响;这时的政策是因,市场变化情况是果。过一段时间,国家根据市场发展变化的新情况,制定新的经济政策来刺激市场,或是稳定市场,限制市场,甚至改变市场发展方向等。市场情况成为因,经济政策又变为果。当然,一因多果或一果多因的现象也经常出现,但有其因就必有其果,这是规律。因此,从已知某一事物的变化规律,推演与之相关的其他事物的发展变化趋势,是合理的,也是可能的。

3. 类推原理

许多事物相互之间在结构、模式、性质、发展趋势等方面客观存在着相似之处。根据这种相似性,人们可以在已知某一事物的发展变化情况的基础上,通过类推的方法推演出相似事物未来可能的发展趋势。例如,彩色电视机的发展与黑白电视机的发展就有某些类似之处,我们可以利用黑白电视机的发展规律类推彩电的发展规律。类推原理在领先指标法中得到了很好的运用。

4. 概率原理

任何事物的发展都有一个被认识的过程。人们在充分认识事物之前,只知道其中有些因素是确定的,有些因素是不确定的,即存在着偶然性因素。市场的发展过程中也存在必然性和偶然性,而且在偶然性中隐藏着必然性。通过对市场发展偶然性的分析,揭示其内部隐藏着的必然性,可以凭此推测市场发展的未来。从偶然性中发现必然性是通过概率论和数理统计方法,求出随机事件出现各种状态的概率,然后根据概率去推测预测对象的未来状态。

二、物流市场营销预测的步骤

(1)确定预测目的,制订预测计划。
(2)搜集、审核和整理资料。
(3)选择预测方法。
(4)进行预测。
(5)分析、评价预测结果。
(6)编写预测报告。

三、物流市场营销预测的方法

(一)定性预测法

1. 类比法

类比法指应用相似性原则,把预测目标同其他类似事物加以分析,推断其未来发展趋势的一种定性预测方法。

类比法一般适用于开拓新市场,预测潜在购买力和需求量,预测新产品长期的销售变化规律等,适用于中长期预测。

2. 指标法

指标法又称朴素预测法,是通过一些通俗的统计指标,利用最简单的统计处理方法和有限的数据资料来进行预测的一种方法。这些统计指标包括平均数、增减量、领先指标等。

3. 集合意见法

集合意见法是指集合企业内部经营管理人员、业务人员等的意见,凭他们的经验和判断共同讨论市场趋势而进行市场预测的方法。由于经营管理人员、业务人员等比较熟悉市场需求及其变化动向,他们的判断往往能反映市场的真实趋向,因此它是进行短、近期市场预测常用的方法。

4. 德尔菲法

德尔菲(Delphi)法是美国兰德(RAND)公司首先创立的。"兰德"一词是英文"研究与发展"的缩写。该公司成立于1948年,被人们称为"一个世界题目的思想库",其总部设在美国加利福尼亚的圣莫妮卡。该公司之所以以"德尔菲"为此法命名,是由于在古希腊有一座太阳神阿波罗神殿,相传希腊神能降妖,于是便以"德尔菲"比喻神的高超预见能力。

该方法又称为"专家小组法",主要是指按规定的程序,采用函件询问的方法,依照专家小组背对背地做出判断分析,来代替面对面的会议。

德尔菲法的特征:

匿名性:专家之间没有任何联系,只以书面形式与组织者进行联系。

反馈性:要经过多次反馈征询意见,使预测结果更准确地反映专家集体的意见。

统一性(收敛性):经过几轮反馈,专家的意见会逐渐趋于统一。

(二)定量预测法

1. 时间序列法

时间序列法是根据历史统计资料的时间序列,预测事物发展的趋势,主要用于短期预测。

1) 简单平均法

简单平均法是将过去的若干时期实际发生的历史数据进行算术平均,作为预测其预测值的方法。此方法的突出优点是计算简便,存在的不足是预测值准确度较低,预测误差较大。该方法适用于时间序列变动较平滑,不存在明显的季节变动情况下的预测。

2) 加权平均法

加权平均法是为观察期内的每一个数据确定一个权数,并在此基础上,计算其加权平均数作为下一期的预测值。这里的权数体现了观察期内各数据对预测期的影响程度。公式为:

$$Y_i = \frac{w_1 x_1 + w_2 x_2 + \cdots + w_n x_n}{w_1 + w_2 + \cdots + w_n} = \frac{\sum w_i x_i}{\sum w_i}$$

式中：y_i——第 t 期的预测值；

x_i——第 t 期的实际值；

w_i——第 t 期的权数；

n——期数。

3）移动平均法

移动平均法是将观察期的统计数据，由远而近地按一定跨越期逐一求取均值，并将最后一个平均值确定为预测值的方法。此法对于呈水平不规则波动的时间序列数据的预测，是一种简易可行的预测方法。公式为：

$$y_{t+1} = \frac{\sum x_i}{n} = \frac{x_t + x_{t-1} + \cdots + x_{t-n+1}}{n}$$

一次移动平均法是直接以本期（t 期）移动平均值作为下一期（$t+1$ 期）预测值的方法，它有三个特征：

(1)预测值是离预测期最近的一组历史数据（实际值）平均的结果；

(2)参加平均的历史数据个数（即跨越期）是固定不变的；

(3)参加平均的一组历史数据是随着预测期的向前推移而不断更新的，每当吸收一个新的历史数据参加平均时，就剔除原来一组历史数据中离预测期最远的那个预测数据，因而具有"移动"特点。

4）指数平滑法

指数平滑法源于移动平均法，是利用本期的实际值与紧前期的估计值，通过对它们的不同加权分配，求得一个指数平滑值，并作为下一期预测值的一种方法。

指数平滑法具有两个特点：

(1)一次指数平滑法不需要存储近 n 期的观察值，只需要第 t 期的观察值和预测值，再由预测者选择一个合格的平滑系数即可预测 $t+1$ 期的数值。

(2)该方法得到的预测值是对整个数列的加权平均，且权数符合近期大远期小的的要求。当观察数据很多时，其权数之和接近于1，这从客观上保证了个加权系数的一致性，消除了权数确定的随意性。

2.回归分析预测法

回归分析预测法，也称相关分析法。它是依据预测的因果性原理，借助数理统计中的回归分析理论和方法，找出预测目标（因变量）与自变量之间的依存关系，建立起回归预测模型用于预测的定量分析方法。

该方法的基本思想是：任何事物都不是孤立存在的，总是存在于一定的环境中，并与环境中的其他事物相互依存、相互影响、相互作用，因此，对某一事物未来发展变化的预测，可以通过分析该事物的影响因素的未来变化以及该事物与影响因素之间的数量关系来进行分析预测。

▶ 课后练习

背景材料：某饮料公司在国内饮料市场占有重要份额，拥有多个知名的饮料及奶品系列，但由于受到市场同行的威胁,市场霸主地位已经岌岌可危,考虑开发新市场,进军此前并不熟悉的婴幼儿奶粉市场。但考虑到婴幼儿奶粉市场存在的卫生健康问题较复杂,又感觉风险较大,希望通过市场调研做出正确决策。该公司主要考虑的机遇及风险如下:

一、中国牛奶业面临着前所未有的外部机遇

中国每年出生人口近2 000万,奶粉年市场容量约500亿元。虽然国际经济形势不明朗,国内奶粉年消费需求增长仍超两位数,因为婴幼儿奶粉是必需品:"婴儿的口粮",典型的"刚性需求"。奶粉消费一度受三聚氰胺事件影响有所下滑,但很快进入了恢复性增长轨道。

一句话,婴幼儿奶粉产业毛利高,远超饮料产业,而且规模大、增长快,并且行业壁垒低,能吸引众多的大公司和大资本。

二、婴幼儿奶粉市场存在的高风险

近年来三聚氰胺事件始末:

2008年3—9月,全国各地均出现结石儿童。

2008年9月11日,早上,卫生部提醒停止使用三鹿奶粉;三鹿称奶粉仍旧合格;晚上,三鹿承认7 000吨奶粉受到污染。

2008年9月12—18日,正式处理三鹿事件。三鹿原董事长田文华被拘,石家庄市委副书记、副市长和三名局长被免职。

2008年9月16—18日,三聚氰胺引发乳制品行业骨牌效应。

2009年12月10日,陕西省公安厅宣布破获金桥乳业生产销售三聚氰胺超标奶粉案件,查出5.25吨问题奶粉,其中11袋275公斤奶粉三聚氰胺超标。

2009年12月31日,上海熊猫乳品因涉嫌生产、销售三聚氰胺超过国家标准的乳制品,被监管部门依法查处。

2010年1月23日,贵州省卫生厅发布的三聚氰胺超标食品名单中,除了此前已经曝光的上海熊猫乳品产品外,还有来自山东淄博绿赛尔乳品有限公司、辽宁省铁岭市清河区五洲食品有限公司和河北唐山市乐亭县凯达冷冻厂的乳品或冷饮。

题目:

(1)充分了解牛奶行业的市场信息是该企业在两难局面中做出正确决策的重要依据,请你结合以上机遇与威胁,帮助该企业设计一份关于调查牛奶行业市场信息的调研方案。

(2)请为该公司设计一份调查问卷。

(3)完成调研报告。

剖析:

(1)参考调研方案参考格式,按照调研方案的基本内容进行设计调研方案。

(2)要进行实地调研,首先需弄清楚哪些问题会影响到该企业的决策选择,哪些问题应该在调研报告中体现。

经分析,公司希望通过调研了解以下问题:

①消费者在牛奶业信任危机下对婴幼儿奶粉接受的可能性有多大?

②消费者在牛奶业信任危机下对各已有品牌婴幼儿奶粉公司态度如何?

③市场的竞争如何?

④消费者的收入、消费水平如何?

⑤婴幼儿奶粉的价格。

⑥消费者一般在哪里购买婴幼儿奶粉。
⑦消费者购买婴幼儿奶粉重视的因素包括哪些？程度如何？
⑧消费者通过什么渠道了解婴幼儿奶粉的品牌。
⑨其他，如消费者的职业、年龄等。

问卷调研是调查市场信息的重要方法，因此要获得并深入把握市场信息，需进行问卷设计，请你结合之前的调研方案，并根据以上信息，为该方案设计一份调查问卷。

(3) 撰写调研报告。

公司希望根据调研的最终结论可以为其是否进军婴幼儿奶粉市场提供重要参考，因此在撰写调研报告时应通过调研结论获得以下建议：

①三聚氰胺事件对婴幼儿奶粉市场的影响有多大，应如何应对？
②竞争对手的危机公关处理方法的效果如何？
③消费者对婴幼儿奶粉的消费习惯是否有所改变？
④进入婴幼儿奶粉市场的营销策略建议。

根据之前的调研，并结合公司要求，请你撰写一份调研报告。

(4) 具体调研要求。

①以小组为单位，每组设组长一名，负责组织本组成员进行实训。
②小组根据调研方案讨论本次实地调研的工作方式、时间、地点等，并确定督导员、访问员和复核员。要求各成员熟悉调研方案及调查问卷。
③在规定时间内进行实地调研，复核员进行复核。
④根据调查结果进行数据分析，用图表进行说明，并根据任务背景得出相关结论与建议。
⑤起草调研报告。
⑥小组讨论，对报告初稿进行修改并定稿，进行书面打印。

项目二
物流市场营销战略规划

WULIU SHICHANG
YINGXIAO
ZHANLUE GUIHUA

教学目标

最终目标:能制定物流市场营销战略。

促成目标:

(1)熟悉物流市场营销战略的概念。

(2)掌握物流市场营销战略制定的步骤。

(3)掌握原业务市场发展战略的方法。

(4)掌握新业务市场发展战略的方法。

(5)掌握物流市场细分、目标市场选择及市场定位的方法。

工作任务

(1)分析物流企业市场营销战略制定步骤。

(2)制定原业务市场发展战略。

(3)制定新业务市场发展战略。

(4)对物流业务进行市场细分。

(5)对物流业务进行目标市场选择。

(6)对物流业务进行市场定位。

项目任务书

项目模块	工作任务	课时
模块1 原物流业务市场发展战略	任务1 物流业务市场营销战略认知	2
	任务2 制定原物流业务市场发展战略	2
模块2 新物流业务市场发展战略	任务1 制定新物流业务市场发展战略	2
模块3 物流业务市场细分、目标市场选择及市场定位	任务1 物流业务市场细分	4
	任务2 物流业务目标市场选择	2
	任务3 物流业务市场定位	2

模块1 原物流业务市场发展战略

学习目标

(1)熟悉物流市场营销战略的概念。

(2)掌握物流市场营销战略制定的步骤。

(3)掌握制定原物流业务市场发展战略的方法。

工作任务

(1)用波士顿矩阵分析法进行物流营销战略规划。

(2)用通用电气公司法进行物流营销战略规划。
(3)分析物流企业市场营销战略。

任务1　物流业务市场营销战略认知

活动一:企业的营销战略案例分析。
操作步骤:
(1)将班级同学分组,每组确定一名负责人。
(2)选定物流市场营销战略的典型案例,进行分析讨论。
(3)每组学生总结发言,教师对案例进行剖析点评。
活动二:对物流企业营销战略进行认知。
操作步骤:
(1)将班级同学分组,每组确定一名负责人。
(2)每组选定物流企业进行分析(之前做过SWOT分析的企业)。
(3)每组学生总结发言,教师进行剖析点评。

一、市场营销战略的概念与特征

1. 市场营销战略的概念

市场营销战略是企业在复杂的市场环境中,为实现特定的市场营销目标而设计的长期、稳定的行动方案,形成指导企业市场营销全局的奋斗目标和经营方针。市场营销战略是目标和手段的有机统一体:没有目标,就无从制定战略;没有战略措施,目标也不可能实现。西方很多企业家认为,一个没有战略的企业,犹如一只没有舵的船,只能在水中兜圈子,永远不可能前进。正确制定市场营销战略,对提高企业的市场竞争能力具有十分重要的意义,具体体现在以下几个方面。

(1)市场营销战略的制定能为企业指明一个长远的营销方向和奋斗目标。

营销战略的制定过程是一个识别、选择和发现并运用市场机会,完成企业任务和目标的过程。企业在制定营销战略的过程中,要对内外环境及其变化趋势进行科学的定性和定量分析,明确企业的机会与风险,认识企业在竞争中的地位,从而确定企业远期发展的基本方向,并且这个方向在较长时期内是基本稳定的。因此,市场营销战略能够指导企业避免风险,获得主动权,使企业在市场竞争中不至于失去方向和目标。

(2)市场营销战略是企业营销活动总的行动纲领。

市场营销战略可以协调企业各个经营环节和部门的关系,使企业的一切活动有条不紊地组织起来,提高企业营销的整体功能,确保企业的市场营销组合实现高效率和高效益。市场营销战略还可以不断促进企业营销管理水平的提高,避免营销中的短期行为,为企业的长期稳定发展打下基础。

(3)市场营销战略可以增强企业凝聚力,统一营销人员和全体员工的思想与行动。

企业有了营销战略,就能充分调动营销人员的积极性、主动性和创造性,使每个营销人员都有明确的奋斗目标,各司其职、各负其责,为实现企业战略目标做出应有的贡献。同时,营销战略也是统一协调全体员工思想的科学方针,使企业内部的员工和各个部门都充分认识到实现营销目标的意义,从而实现企业全员营销。

2. 市场营销战略的特征

市场营销战略是企业为未来一定时期内市场营销系统的发展而做出的整体规划。它在企业市场营销管理中具有全局性、长远性、导向性和竞争性等特征。

1)全局性

全局性是指战略问题事关企业整体。营销战略着眼于营销系统的整体,而不是某个部分或某个方向。决策者对营销系统内各个部分的分析和研究,对战略规划而言是必不可少的,但战略研究不是孤立地看待某个或某些部门,而是通过局部的分析和研究,全面地把握整体的市场营销活动。战略所解决的是事关全局的重大问题。战略的这种全局性有两层含义:一是营销战略是对企业营销系统的发展所做的总体设计,包括总体规划和总体的策略与手段;二是战略问题的决策事关企业全局,对企业未来的发展有着十分重大的影响。

2)长远性

长远性是指营销战略问题事关未来,影响深远。市场营销战略不是针对目前的市场营销活动,而是为企业营销系统在未来一定时期的发展规划目标和方向。市场营销战略不仅通过特定的营销目标将企业的战略意图具体化,而且通过量化的指标为市场营销系统的运行提供依据。因此,营销战略目标的实现也并非在短时期内就可以做到,而需要付出长期艰苦的努力。营销战略不仅在战略时期内对营销系统和整个企业的生存与发展有重大影响,而且这种影响还会延续到战略时期之后,对企业的长远发展也起着重要的作用。

3)导向性

导向性是指营销战略问题事关方向和道路选择。企业在营销活动中经常会遇到有几条发展道路选择的问题,成功的选择会使企业走上光辉灿烂的发展道路。营销战略是企业营销系统所奉行的行为准则和努力方向。在整个战略时期,企业始终按照营销战略的要求来组织具体的营销策划活动,围绕着如何实现战略目标来配置各种资源、安排营销组合,选择适当的营销策略。所以只有在营销战略的指导下,企业的一系列复杂的、不断变化的具体活动,才能被联结为一个有机的整体,营销系统的运行才能不偏离企业预期的发展目标。

4)竞争性

竞争性是指营销战略问题事关企业的市场地位,应确保企业在市场竞争中取得有利地位,市场营销战略必须具有竞争性。任何一个企业的市场营销活动都不可避免地受到竞争者的营销活动的影响,企业能否在市场上站稳脚跟,在很大程度上取决于企业能否站在战略者的高度把握市场态势,能否对竞争者的战略变动做出及时反应,确保企业的市场营销系统高效运行。

二、市场营销战略的主要内容

企业市场营销战略的内容是十分丰富的。图2-1反映了一个较完整的企业市场营销战略的主要内容。

这是一个实际系统的普遍性的抽象模型,它表明了市场营销过程中许多复杂变量之间的关

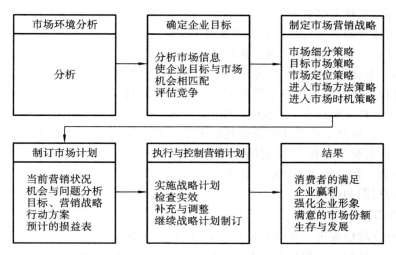

图 2-1 企业市场营销战略的主要内容

系,虽然所有企业并非按完全相同的方式处理营销活动,但为制定有效的营销战略,图 2-1 中的每一个项目都应加以考虑,特别是制定选择最佳的市场营销策略组合,是战略计划的核心内容。市场营销策略组合必须服从于企业营销战略。任何企业在运用市场营销策略组合时,都不可能对所有策略平均使用,往往是突出策略组合中某一个或两个因素,兼顾其他因素。

三、制定市场营销战略的步骤

一个企业的市场营销战略,既要以本企业的微观经济活动为基础,又要以宏观经济的依据来规划,制定本企业的长期目标(战略目标)及逐年逐月逐日的具体销售计划,使全体职工明确本企业的战略目标和本岗位的具体责任。市场营销战略的制定过程,可具体分为以下几个步骤:

1. 了解企业任务

企业任务包括:本企业的业务是什么?最高管理层明确规定适当的任务,并向全体工作人员讲清楚,可以提高士气,调动全体工作人员的积极性。

1)规定企业任务时需考虑的因素

企业在规定其任务时,可向股东、顾客及经销商等有关方面广泛征求意见,并且需考虑以下几个主要因素。

(1)企业过去的历史。例如,娃哈哈一直以来都是一家生产儿童食品的企业,其最高管理层规定任务时应当尊重其过去的历史。

(2)企业的业主和最高管理层的意图。例如,北京燕莎友谊商城最高管理层的意图是为较高收入的消费者群体服务,那么这种意图不可能不影响企业的任务。

(3)企业周围环境的发展变化。该因素会给企业造成一些环境威胁或市场机会。

(4)企业的资源情况。该因素决定企业可能经营什么业务。

(5)企业的特有能力。例如,万科公司也许能进入太阳能行业,但是其特长是开发经营高档房地产项目。这就是说,企业在规定其任务时要扬长避短,这样才能干得出色,取得较好的经营效益。

2) 如何编写企业任务报告书

一个有效的任务报告书应该具备以下条件:

(1) 市场导向。企业的最高管理层在任务报告书中要按照其目标顾客的需要来规定和表述企业任务,例如,"本化妆品企业的任务是满足顾客的美容需要"。

(2) 切实可行。任务报告书中要根据本企业的资源的特长来规定和表述其业务范围,不要把其业务范围规定得太窄或太宽,也不要说得太笼统。

(3) 鼓舞人心。应使全体工作人员感到其工作有利于提高福利并很重要,因而就能提高士气,鼓励全体工作人员为实现企业的任务而奋斗。

(4) 具体明确。企业最高管理层在任务中要规定明确的方向和指导路线,以缩小每个工作人员的自由处理权限和范围。

2. 分解业务目标

企业的最高管理层规定了企业的任务之后,还要把它具体化为一系列的各级组织层次的目标。各级经理对其目标应当做到胸中有数,并对其目标的实现完全负责,这种制度叫作目标管理。企业常用的业务目标有销售增长率、市场占有率、销售利润率、顾客满意度和新顾客开拓率等。企业的最高管理层所规定的企业业务目标应符合以下几个要求。

1) 主次分明

一个企业(尤其是大企业)通常有许多目标,但是这些目标的重要性不一样,应当按照各种目标的重要性来排列,显示出哪些是主要的,哪些是派生的。为了实现这个任务,该企业的最高管理层规定主要目标之一是到年底企业的市场占有率提高到20%。根据企业的这个目标派生出一系列目标。企业除了把增加营业额作为市场营销的目标之外,还在销售人员、广告、宣传等方面制定出具体的附属目标。

2) 具体量化

要以数量来表示企业的目标,这样,企业的最高管理层就便于管理计划、执行和控制过程。

3) 现实可行

企业的管理层不应根据其主观愿望来规定目标水平,而应根据对市场机会和资源条件的调查研究和分析来规定适当的目标水平,这样规定的目标水平才能实现。

4) 协调一致

有些企业的最高管理层提出的各种目标往往是互相矛盾的,例如,"最大限度地增加销售额和利润"。实际上,企业不可能既最大限度地在增加销售额的同时又最大限度地增加利润。因为企业可能通过降低价格、提高产品质量、加强广告促销等途径来增加销售额,但是当这些市场营销措施超过了一定限度时,利润就可能降低。所以,各种目标必须是一致的,否则就失去了指导作用。

3. 分析市场环境和企业实力

1) 分析市场环境

市场环境是企业制定营销战略的主要依据。市场环境的分析,重点是对未来有长远影响力的因素分析。也就是说,应以市场环境因素的分析为重点,分析的项目主要围绕着怎样才能满足消费者的需求;在营销过程中如何抗衡竞争对手,在竞争中发挥优势;如何扩大联合力量,增强企业竞争地位等。市场环境的分析,必须建立在周密的调查研究和准确的情报信息的基础上。

市场环境分析主要包括以下几个方面的内容。

(1)顾客需求情况,包括现有顾客需求情况、潜在顾客需求情况、顾客需求变化趋势和顾客意见分析等。

(2)市场竞争情况,包括当前竞争情况、未来竞争趋势、竞争对手情况分析,以及自己的差距与对策等。只有对竞争情况进行分析,才能做到知己知彼、百战不殆。同时,通过分析研究竞争对手,可以找出差异性,从而有利于发挥自己的优势,避免针锋相对的竞争。

(3)供销渠道情况,包括各种物资的供应渠道和产品分销渠道的畅通情况,商品流通过程中可能遇到的困难与情况的分析。

(4)政府有关方针政策,包括现行政策对市场发展的影响、政策连续性及变化趋势的分析,以及政府的鼓励和限制等。党和国家一定时期的方针政策,反映了国家的战略规划、战略重点和投资方向。因此,研究国家的方针政策,是企业市场环境分析的重要内容。

2)分析企业实力

分析企业实力就是对企业本身的经营条件和经营能力进行实事求是的分析,找出企业本身的特长和不足,优势、劣势和差别优势,企业在人力、财力、物力方面的潜力如何,竞争能力和应变能力如何等。

总之,企业领导人和参加制定市场营销战略的人员,对本企业所处的市场环境,对自己的相对优势和劣势,一定要分析得非常清楚,这样才能使本企业在市场竞争中处于有利位置,取得更大发展。

4.拟订预选方案

在企业的营销战略目标制约下,根据对市场环境和企业资源的全面分析,要拟订几个不同策略组合的营销战略方案供企业领导决策。

每一个备选的方案要有详尽的信息、科学的分析,还要有利弊得失的比较,对所实现的目标,一定要有量化分析,对不能量化的,也应清楚地加以说明。

拟订预选方案时要提倡创新精神,不要因循守旧地搞老一套,要发挥群众智慧,不要只设计一种方案;要提倡通过专家论证进行优选,不要凭个别领导印象定案,以防止片面性的失误。

5.评价优选方案

这是企业制定营销战略的一个关键性的步骤。具体方法就是领导人组织专家,对各种预选方案进行经济与技术的全面评价,分析论证其技术可行性与财务效果,从中择优选出一个既符合国家方针政策,又能满足目标市场需求,并能为企业带来较大经济效益的"最优方案"或"满意方案"。

在对预选方案的综合评价过程中,财务可行性分析论证是非常重要的。有条件的话,还可进行电子计算机模拟比较,从中选出满意方案,该方案不仅应该在技术上是先进的,而且必须在经济上合理,那才有较强的竞争力,保证企业以收入抵支出后有较大的赢利,或者达到企业预期的利润目标,届时,这个方案就可以通过;反之,如果经过财务可行性分析,或经过电子计算机模拟计算后,企业的收入不能达到预期的利润目标,那么这个方案就不能通过,需要重新选择或制定新的营销战略方案,继续评价,从中择优。

6.控制实施

营销战略方案选定以后,为保证正确执行,在执行中要实施控制。发现问题要及时反馈给决策机构,以便及时采取措施,加经必要的补充或做较大的变更,使营销战略在市场营销实践中不断发展、不断完善。

他们为什么会成功?

时间:1981 年 7 月 29 日。

地点:英国伦敦。

过程:英国查尔斯王子和戴安娜公主举行结婚庆典之日(耗资一亿英镑),早 8:00 人群已聚集在车队必经之路的两边,据说有数十万人。这时,有一些小贩身背挎包,推销一种东西(潜望镜),边走边吆喝:"用潜望镜观看结婚庆典,1 英镑 1 只。"到 10:00 庆典结束时,共销售出十几万只,净赚十万英镑。

请分析此实例成功的原因。

"潜望镜"实例分析:

(1)信息(公开/共享)。

(2)市场预测(市场细分/目标市场选定)。

(3)产品定位(概念)。

(4)产品(潜望镜)。

(5)价格(1 英镑/只)。

(6)渠道(直销)。

(7)促销(叫卖广告)。

(8)销售时机(8:00—10:00)。

(9)价值链的延伸。

任务 2　制定原物流业务市场发展战略

活动:制定原物流业务市场发展战略。

操作步骤:

(1)将班级同学分组,每组确定一名负责人。

(2)每组选定一家物流企业(之前做过 SWOT 分析的物流企业)。

(3)用波士顿矩阵法对该企业现有业务加以分析、评价。

(4)对企业现有战略业务加以分类,看看哪些应当发展,哪些应当维持,哪些应当减少,哪些应当淘汰。

(5)每组学生阐述分类原因,教师和其他同学共同分析其正确性。

案例分析

日本邮船公司(简称日本邮船)英文全称为 NIPPON YUSEN KABUSHIKI KAISHA,英文缩写为 NYK,自 1885 年成立以来,在经历了无数挑战之后稳步成长起来,并已成功跻身世界顶尖船公司之列。日本邮船深知远距离商业贸易在世界经济与文化发展中起着极为重要的基础性作用,并因此一直致力于提供安全、优质的物流集运及班轮运输服务。日本邮船一直保持着日本航运界的领导地位。不仅承载货运量大,而且航次密集。NYK 的宗旨是最大限度地利用信息技术为客户提供优质和超值的物流运输服务。日本邮船株式会社从自我封闭中脱颖而出而成立的运输公司,到今天已经跨洋越海打造成一家全球海运业的领头羊,是世界上较大的货物运输队,还为全世界的顾客提供内陆运输和相关的国际性后勤服务。另外,也提供豪华船舱和各种休闲娱乐船舱。目前日本邮船提供中国/日本到美西、中国到美东、中国到地中海、中国到欧洲、中国到中南美和加勒比海、中国到非洲、中国到澳洲等航线服务。

2000 年 3 月,日本邮船集团物流(中国)公司成立,总部就在上海。公司重点是转运、内陆运输、仓储和联合服务。所有这些业务都在飞速发展。有五家分公司(广州、福州、厦门、青岛和天津),还有六个办事处(大连、无锡、苏州、南京、宁波和武汉),目标一致:充当全球扩张先锋。

案例剖析:

航运业的利润下降和动荡,使 NYK 开始重组和改变其经营战略,由单一的"港至港"服务转向更加细致周到的"门到门"服务。一些 NYK 的物流中心甚至向客户提供更为广泛的物流服务。

以新加坡为例,物流中心为日本电子产品制造商提供"物料需求计划服务"(MRP),NYK 认为这是一个物流提供者尚未开发的巨大领域。

启发总结:

(1)改变原有单一的范围种类,向服务多元化发展。
(2)加强公司本部的协调。
(3)考虑采用兼并手段进入该国市场或得到被兼并方的技术和网络体系。
(4)建立遍布全球各重要地区的物流中心,加强各物流中心的联络。

营销决策快半拍,市场胜一拍

2002 年 9 月 29 日,中海运公司总裁李克麟在美国考察,时值美国西部大罢工,李克麟看到这种情况后立即回国,当即就向集装箱生产厂下达了制造 8 万个标准箱的决策。因为美国罢工,所有集装箱只能是有去无回,只有大量储备才可以满足出口的需要。等到国内其他企业猛醒过来后,时机已迟,国内集装箱制造厂已经无现货,订单早已排满。

一、按业务综合程度划分物流企业类型

我国物流企业规模有大有小,发展水平良莠不齐。既存在像中远、中外运这样规模较大的

综合型物流集团，也存在像宅急送这样的民营物流公司，还存在一些只有几辆车或租一块地、申请个执照就去跑业务的"物流公司"。现实中我国物流企业发展很不平衡，按业务综合程度和企业规模可将我国物流企业分为四种不同的类型，如图2-2所示。

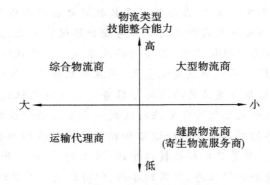

图 2-2　按业务综合程度和企业规模划分的物流企业类型

二、物流企业业务模式和影响物流企业营销战略选择的因素

1. 物流企业业务模式

1) 区域性物流

区域性物流是指具有一定的仓储资源、运输资源和地缘优势的物流企业所开展的区域内或区域间的物流。由于物流服务需要强大的网络支持，因此区域性的物流公司不具备开展跨区域物流服务的能力。

2) 跨区域物流

跨区域物流是指物流业务打破区域界限的物流，包括各行政区域之间的物流、国际物流等。该类物流公司已经在全国建立起了健全的网络或分支机构。

3) 物流代理

物流代理是指在统一的营销策略下代理方利用被代理方的业务资源或物流资源发展物流业务，通过代理业务可以提高物流管理水平和市场竞争力，进一步扩大自身优势，物流代理在国际货物运输中被广泛使用接受。

4) 第三方物流

第三方物流是指由物流劳务的供、需方之外的第三方去完成物流服务的物流运作方式。

5) 第四方物流

第四方物流是指一个提供全面供应链解决方案的供应链集成商，大致有三种物流业务模式：

(1) 协助提高者，即第四方物流为第三方物流工作，并提供第三方物流企业缺少的技术和技能等。

(2) 方案集成商，即第四方物流为货主服务，是和所有第三方物流提供商及其他提供商联系的中心。

(3) 产业革新者，即第四方物流通过对同步与协作的关注，为众多的产业成员运作供应商。

2. 影响物流企业营销战略选择的因素

影响物流企业营销战略选择的因素有：①受企业过去战略的影响；②管理者对风险的态度；

③企业所处的环境;④企业文化与权利关系;⑤低层管理者和职能部门人员对企业的战略选择;⑥竞争行为和反应。

三、物流企业营销竞争战略规划

根据物流服务范围(营业区域、运输结构的多样化、保管和流通加工服务的广度等)和物流机能(运输、储藏、配送、流通加工、流息、企划和管理输出等),可以划分如下几种战略规划。

1. 综合物流——先驱型物流企业战略

该企业可提供一元化的物流服务,各种物流手段、功能、机能齐全,整合性高,如中国中远集团公司。

2. 大型物流(机能结合型)企业战略——系统化战略

系统化战略是以对象货物为核心,通过货物分拣、货物追踪系统,提供高效、系统化的服务。

3. 运送代理型物流企业战略——柔性物流战略

柔性物流战略是运用铁路、航空、船舶等各种手段,开展混载代理业务。船主、铁路和航运公司靠众多的大小代理商承揽业务。

4. 缝隙型物流企业战略——差别化、低成本物流战略

差别化、低成本物流战略采用简单的物流运输服务、搬家服务、仓储服务、仓库租赁、代收商品、安全保管商品(如租赁保险柜等)等服务,以求在缝隙中生存。

四、物流企业市场营销战略的三个层次

第一层次:公司战略,即属于公司层次上的总战略,体现了企业的整体战略思想和战略目标。

第二层次:经营战略,即隶属于总公司属下的事业部或分公司的战略,与现有企业普遍采用的事业部制的组织机构相对应。

第三层次:职能战略,即公司的各个职能部门依据总的公司战略和经营战略,所制定的以经营为主的部门战略,它涉及市场营销战略、资本运营战略、产品开发战略、质量改进战略、顾客服务战略、广告战略、企业扩张战略、企业扩大生产战略、物流战略、人才战略、信息战略等。

五、物流企业的市场营销战略规划

企业营销战略不是一种目标,它代表了具有一致性的市场营销方向。营销战略贯穿于企业的一切市场营销活动。营销战略是贯穿企业经营始终的营销方向,一旦建立,不可轻易改变。企业市场营销战略规划是企业在分析市场经营环境和自身资源条件的基础上,从整个供应链的角度,挖掘企业内部和服务的供应链中所创造的市场价值和企业的竞争优势,拟订企业中长期营销战略规划,选择和实施适当的营销战略行动,保证企业可以持续获得长期市场竞争优势。

六、绿色物流战略

物流与社会经济的发展是相辅相成的。物流企业实施与环境共生型的物流战略是指在抑制物流对环境的危害的同时,形成一种能促进经济和消费生活健康发展的物流系统,即向绿色型物流和循环型物流转变。

（1）集中库存虽然有效地降低了物流费用，但是由于产生了较多的运输次数，从而增加了对环境的影响，燃料的消耗和对公路需求的增加，也对环境产生了消极影响。

（2）24小时货运经营对环境的影响。目前，许多企业大力推广24小时运营的物流服务模式，因为它可以使运输工具更为有效和充分的利用，而24小时开动机器，降低了固定费用的分摊，虽然可以进一步增加效益，但对环境也产生了很大的影响，同时还会产生严重的扰民问题。

（3）即时配送对环境的影响。即时配送是多频率、少批量的即时配送。由于这种方式的不经济也增加了空气的污染和燃料的耗费。

（4）绿色物流战略还表现在所有车辆使用清洁、环保、无污染的燃料。

（5）减少运输工具的工作噪声。

（6）减少或避免运输途中的垃圾丢弃物对环境的污染。

（7）良好的环保意识和自觉性，具体的、可执行的措施，明显的环保标准、标志及社会监督意识等。

一、波士顿矩阵分析法

一个物流企业特别是综合性的物流企业会有多项业务，利用波士顿矩阵分析法可以分析这些业务的现状和地位。波士顿矩阵图如图2-3所示。

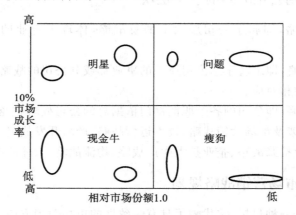

图2-3　波士顿矩阵图

波士顿矩阵的纵轴表示市场启用率，就是该业务的销售量或销售额的增长率，用数字0%～20%表示，市场成长率超过10%就是高速增长。矩阵的横轴表示相对市场份额，反映该业务相对于最大竞争者的市场份额，用于衡量企业在相关市场上的实力，用0.1（表示该企业销售量是最大竞争对手的10%）～10（表示该企业销售量是最大竞争对手销售量的10倍）表示，并以相对市场份额为1.0为分界线。图2-3中8个代表企业拥有8个业务单位，它们的位置表示这项业务的市场成长和相对市场份额的高低，面积的大小表示业务额的高低。

1. 问题业务

问题业务是市场成长率高、相对市场份额低的业务，这可能是企业的新业务。对于问题业务,企业必须回答是否继续投资以迅速发展市场的问题。只有那些符合企业长远战略目标,与企业优势资源相吻合的业务才有可能转化为明星或瘦狗业务。

2. 明星业务

明星业务是指市场成长率高、相对市场份额高的业务,它将成为企业未来的现金牛业务。它是企业的希望,企业必须继续追加投资人,以扩大规模和增加竞争实力,击败竞争对手。

3. 现金牛业务

现金牛业务是指市场成长率低、相对市场份额高的业务,是成熟市场的领导者,是企业现金的来源。企业对此不必投入更大的资金就可以享有规模经济和高利润的优势。

4. 瘦狗业务

瘦狗业务是指市场成长率低、相对市场份额低的业务。这类业务一般是微利或亏损的。对这类业务要痛下决心,快刀斩乱麻,彻底清理。

二、通用电气公司法

通用电气公司法又称"多因素投资组合"矩阵法,较"市场增长率/市场占有率"矩阵法有所发展,如图2-4所示,企业对每个战略业务单位,都从市场吸引力和竞争能力两个方面进行评估。只有进入既有吸引力的市场,又拥有竞争的相对优势,业务才能成功。市场吸引力取决于市场大小、年市场增长率、历史的利润率等一系列因素;竞争能力由该单位的市场占有率、产品质量、分销能力等一系列因素决定。对每个因素,分别依据等级来打分,最低分为1分,最高分为5分,并依据权数计算其加权值,将加权值累计起来,就得出该单位的市场吸引力及竞争能力。每个战略经营单位,都可以两个分数提供的坐标为圆心,画出与其市场成正比的圆圈,并勾出其市场占有率。

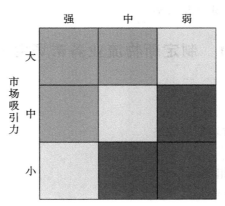

图2-4 "多因素投资组合"矩阵

"多因素投资组合"矩阵法依据市场吸引力的大、中、小,竞争能力的强、中、弱,分为九个区域,它们组成了以下三种战略地带。

1. 绿色地带

由左上角的大强、大中和中强三个区域组成。这个地带的市场吸引力和经营单位的竞争能力都最强。企业要"开绿灯",采取增加资源投入和发展扩大的战略。

2. 黄色地带

由主角线贯穿的三个区域,即由小强、中中和大弱三个区域组成。这个地带的市场吸引力和经营单位的竞争能力,总的说来都是中等水平。一般来说,企业对这个地带的经营单位应当"开黄灯",即采取维持原投入水平和市场占有率的战略。

3. 红色地带

由右下角的小弱、小中和中弱三个区域组成。这里的市场吸引力偏小,经营单位的竞争能力偏弱。因此,企业多是"亮红灯",应采用收割或放弃战略。

值得注意的是,企业应当对各个经营单位在今后几年的发展趋势进行预测。有的现在看好,以后可能急剧下降;有的现在不好,以后则可能急剧上升。掌握这些情况后,才可以为各个区域的经营单位确定其最终策略。

模块 2　新物流业务市场发展战略

(1)熟悉物流企业发展新业务战略的内容。
(2)掌握制定物流新业务营销策略的方法。

工作任务

(1)案例分析,了解新业务营销策略和几种形式。
(2)为物流企业制定新业务营销战略。

任务 1　制定新物流业务市场发展战略

活动:制定新物流业务市场发展战略。
操作步骤:
(1)将班级同学分组,每组确定一名负责人。
(2)每组选定一家物流企业。
(3)分析该企业的业务现状和发展方向。
(4)为该公司确定新发展战略。
(5)每组学生阐述战略制定的原因,教师分析其所制定战略的正确性和可行性。

知识导入

企业发展新业务的战略有三种,即密集性增长、一体化增长和多元化增长,如表2-1所示。

表 2-1　产品-市场发展矩阵 2×2 矩阵表

密集性增长	一体化增长	多元化增长
市场渗透	后向一体化	同心多元化
市场开发	前向一体化	水平多元化
产品开发	水平一体化	集团多元化

一、密集性增长

如果企业尚未完全开发其现有产品和市场机会,则可采取密集性增长战略。这种战略包括以下几种方式。

1. 市场渗透

市场渗透就是企业通过改进广告、宣传和推销工作,在某些地区增设商业网点,借助多渠道将同一产品送达同一市场或短期削价等措施,在现有市场上扩大现有产品的销售,包括:千方百计使现有顾客多购买本企业的现有产品;把竞争者的顾客吸引过来,使之购买本企业的现有产品;想办法在现有市场上把产品卖给从未买过本企业产品的顾客。

2. 市场开发

市场开发就是企业通过在新地区或国外增设新商业网点或利用分销渠道,加强广告促销等措施,在新市场上扩大现有产品的销售。例如,某产品原只在城市市场销售,现决定扩展到农村市场。

3. 产品开发

产品开发就是企业通过增加花色、品种、规格和型号等,向现有市场提供新产品或改进产品。例如,万宝电冰箱公司在生产普通电冰箱的同时,积极开发新产品,该公司研制生产的无氟环保型冰箱获得 1995 年国际蒙特利尔多边基金会提供的 136 万美元的无偿捐助。某产品在美国小冰箱市场上的份额仅次于日本的三洋和美国的 GE 等国际品牌而位居第三位。

二、一体化增长

如果企业的所在行业很有发展前途,而且企业在供、产、销等方面实行一体化能提高效率,加强控制,扩大销售,则可实行一体化增长战略。这种战略包括以下几种方式。

1. 后向一体化

后向一体化就是企业通过收购或兼并原材料供应商,拥有和控制其供应系统,实行供产一体化。例如,某汽车制造商过去向橡胶和轮胎公司采购所需轮胎,现在决定自己生产轮胎,这就是后台一体化。

2. 前向一体化

前向一体化就是企业通过收购可兼并若干商业企业,或者拥有和控制其分销系统,实行产销一体化。例如,TCL 设有批发销售机构,在全国各地设有 TCL 专卖店,自产自销,这种产销一体化就是前向一体化。

3. 水平一体化

水平一体化就是企业收购、兼并竞争者的同种类型的企业,或者在国内外与其同类企业合资生产经营等。例如,我国东南沿海地区的某些现代化企业,利用自己在商标、技术、市场和资金等方面的优势,与西部欠发达地区的企业进行联合,或以其他形式进行合作经营等。

三、多元化增长

多元化增长就是企业尽量增加产品种类,跨行业生产经营多种产品和服务,扩大企业的生产范围和市场范围,使企业的特长得到充分发挥,使其人力、物力和财力等资源得到充分利用,从而提高经营效益。多元化增长的主要方式也有三种。

1. 同心多元化

同心多元化就是企业利用原有的技术、特长和经验等发展新产品,增加产品种类,从同一圆心向外扩大业务经营范围。同心圆的特点是原产品与新产品的基本用途不同,但有着较强的技术关联性。

2. 水平多元化

水平多元化就是企业利用原有市场,采用不同的技术来发展新产品,增加产品种类。水平多元化的特点是原产品和新产品的基本用途不同,但存在较强的市场关联性,可以利用原来的分销渠道销售新产品。

3. 集团多元化

集团多元化就是大企业收购、兼并其他行业的企业,或者在其他行业投资,把业务扩展到其他行业中去,新产品、新业务与企业的现有产品、技术、市场毫无关系。也就是说,企业既不以原有技术也不以原有市场为依托,向技术和市场完全不同的产品或服务项目发展。它是实力雄厚的大企业集团采用的一种经营战略。

运用多元化增长战略,要以企业自身具有拓展经营项目的实力和管理更大规模企业的能力为前提条件:具有足够的资金支持,具备相关专业人才作为技术保证,具备关系密切的分销渠道作为后盾或拥有迅速组建分销渠道的能力,企业的知名度高,企业综合管理能力强,等等。显然,并不是所有具备一定规模的企业都拥有上述优势。若企业运用多元化发展战略条件还不成熟,那还不如稳扎稳打,加强内涵建设。具备足够实力和条件的企业在运用多元化增长战略时,也不可盲目追求经营范围的全面、经营规模的宏大。规模和收益的关系既对立又统一,没有规模固然没有好的收益,但也不是规模越大,收益就一定越大。随着规模的扩大,收益的变化一般有三个阶段:规模扩大,收益增加,收益增加的幅度大于规模扩大的幅度,这是规模收益递增的阶段;收益增加的幅度与规模扩大的幅度相等,这是一个短暂的过渡阶段;收益增加的幅度小于规模扩大的幅度,甚至收益绝对减少,这是规模收益递减阶段。因此,切不可盲目追求规模。

四、物流市场营销战略类型的选择

产品或服务-市场组合战略 3×3 矩阵表如表 2-2 所示。

表 2-2 产品或服务-市场组合战略 3×3 矩阵表

	现有产品或服务	相关产品或服务	全新产品或服务
现有市场	市场渗透策略	产品发展战略	产品革新战略
相关市场	市场发展战略	多样化经营战略	产品发明战略
新兴市场	市场转移战略	市场创造战略	全方位创新战略

1. 依照SWOT分析法派生的物流企业市场营销战略
(1)SO战略——进攻型战略。
(2)ST战略——分散型战略。
(3)WT战略——退却型战略。
(4)WO战略——防御型战略。
2. 依照产品或服务与市场不同组合矩阵派生的企业市场营销组合战略
(1)市场渗透策略。企业通过广告、价格、售后服务等营销策略,使原有的市场中的占有率扩大。
(2)市场开拓战略。为现有产品或服务寻求新市场。
(3)产品或服务开发战略。企业开发出新产品或服务投放到现有市场。
(4)多样化经营战略。企业开发出新产品或服务投放到新兴市场。
3. 依照市场细分派生的企业市场营销战略
(1)差异化战略。
(2)低成本扩张战略。
(3)重点战略。
(4)无差别化市场营销战略。
4. 根据企业的市场定位所派生的市场营销战略
(1)重新定位——市场领导者战略。
(2)避强定位——市场追随者战略。
(3)对抗性定位——市场挑战者战略。

物流营销从发现客户问题和诚心诚意为其解决问题开始

物流企业的货主可以说每时每刻都会遇到各种各样的问题和困难,有些问题自己可能并不知晓,有些问题是自己知道了却不知如何去解决。而这正是物流企业开展营销的绝佳时机,只要物流企业拿出自己的诚心,显示自己的专业和实力,让客户看到物流企业的价值和可以预见自己获得的价值,真正的业务就基本上到手了。物流企业要能够准确了解客户,甚至比他们自己都了解他们,唯一有效的途径是长期、持久、不断、仔细、科学地关注他们、研究他们、调查他们、关心他们,为他们建立起数据库。

课后练习

1. 什么叫市场营销战略?它与企业战略有何关系?
2. 市场营销战略的主要内容有哪些?
3. 简述市场营销战略的制定过程。
4. "市场增长率/市场占有率"矩阵中,企业应该放弃的是哪类业务单位,为什么?
5. 前向一体化增长战略与后向一体化增长战略有何根本区别?
6. 同心多元化增长战略与水平多元化增长战略的主要区别是什么?

模块3　物流业务市场细分、目标市场选择及市场定位

学习目标

(1)掌握物流业务市场细分的内容、依据。
(2)掌握物流业务市场细分、目标市场的选择及市场定位的步骤。
(3)掌握物流业务市场细分、目标市场的选择及市场定位的方法。

工作任务

(1)用5W1H法进行物流业务市场细分。
(2)以"产品属性"为细分变量进行物流业务市场细分。
(3)进行物流目标市场选择。
(4)进行物流目标市场定位。

任务1　物流业务市场细分

领任务

活动一:物流业务市场细分。
操作步骤:
(1)将班级同学分组,每组确定一名负责人。
(2)每组选定一家物流企业(之前做过物流市场调研的物流企业)。
(3)在市场调研基础上进行市场细分,设计市场细分表。
(4)形成细分方案。
(5)每组学生讨论后形成书面报告。
(6)在课堂上每组学生阐述对该企业市场细分的结果,教师和其他同学共同讨论其市场定位的正确性。
活动二:以"产品属性"为细分变量进行物流市场细分。
操作步骤:
(1)将班级同学分组,每组确定一名负责人。
(2)选定不同类型的物流业务,以"产品属性"为细分变量进行物流市场细分,并分析讨论。
(3)每组学生总结发言,教师对案例进行剖析点评。

案例分析

市场细分显机遇,均分江山建奇功

日本泡泡糖市场年销售约为740亿日元,其中大部分为"劳特"所垄断。可谓江山唯"劳特"

独坐,其他企业再想挤进泡泡糖市场谈何容易。但江崎糖业公司对此却并不畏惧。公司成立了市场开发班子,专门研究霸主"劳特"产品的不足和短处,寻找市场的缝隙。经过周密的调查分析,终于发现"劳特"的四点不足:第一,以成年人为对象的泡泡糖市场在扩大,而"劳特"却仍旧把重点放在儿童泡泡糖市场上;第二,"劳特"的产品主要是果味型泡泡糖,而现在的消费者的需求正在多样化;第三,"劳特"多年来一直生产单调的条板状的泡泡糖,缺乏新型式样;第四,"劳特"的产品价格是110日元,顾客购买时需多掏10日元的硬币,往往感到不便。通过分析,江崎糖业公司决定以成人泡泡糖市场为目标市场,并制定了相应的市场营销策略。

不久,它便推出功能性泡泡糖四大产品:司机用泡泡糖,使用了高浓度薄荷和天然牛黄,以强烈的刺激消除司机的困倦;交际用泡泡糖,可清洁口腔,祛除口臭;体育用泡泡糖,内含多种维生素,有益于消除疲劳;轻松性泡泡糖,通过添加叶绿素,可以改变人的不良情绪。它还精心设计了产品的包装,像飓风一样席卷全日本。江崎糖业公司不仅挤进了由"劳特"独霸的泡泡糖市场,而且占领了一定的市场份额,从零猛升至25%,当年销售额达到175亿日元。

点评:市场细分有利于企业发现新的市场机会,巩固现有市场,制定最优的营销策略和战略,更是中小企业开发市场、参与竞争的有利武器。

市场细分的作用:有利于发现市场机会,有助于掌握目标市场的特点,有利于制定市场营销组合策略,有利于提高企业的竞争能力。市场细分的原理与理论依据:市场细分就是"同中求异,异中求同"地划分顾客群体的过程。

一、市场细分的概念

市场细分是将市场分片或市场分割等,就是指营销组织或营销者通过市场调研,根据消费者对商品的不同购买欲望和需求、不同的购买行为与购买习惯,把消费者整体市场划分为具有各个类似性的若干不同的购买群体(即子市场),从而使企业可以轻而易举地识别和认定其目标市场的过程和策略。

市场细分的主要理论根据是市场具有同质市场与异质市场,二者的区别是:同质市场是指消费者对商品的需求大致相同的市场;异质市场是指市场群体之间的需求差别很多、很大,但是各个市场群体内部的差异性较小的市场。市场细分的实质就是将异质市场分成若干个同质市场的过程。

市场细分的条件如下。

1. 可衡量性

可衡量性是指市场细分的标准和细分以后的市场是可以衡量的。它包括三方面的内容:首先,消费者需求具有明显的差异性。其次,它是指对消费者需求的特征信息易于获取和衡量,能衡量细分标准的重要程度并进行定量分析。最后,它是指经过细分后的市场范围、容量、潜力等也必须是可以衡量的,这样才有利于确定目标市场。

2. 可占领性

可占领性是指经过细分的市场是企业可以利用现有的人力、物力和财力去占领的。可占领性有两层含义:一是细分后的市场值得企业去占领,即市场细分要有适当的规模和发展潜力,同时有一定的购买力,企业进入这个市场后有足够的销售额。如果细分市场规模过小,市场容量有限,就没有开发的价值。二是细分后的市场,企业是能够去占领的。

3. 可接近性

可接近性是指企业容易进入细分市场。它有两方面的含义:一方面,指市场细分后确定的目标市场上的消费者,能够了解企业所经营的商品,并已对商品产生购买兴趣和行为,能通过各种渠道达到推广本企业经营的商品;另一方面,企业采取的各种营销措施和营销策略,诸如人员推销、营业推广、广告宣传、公共关系等促销手段,可以达到被选定的细分市场,其营销努力能引起细分市场上的消费者的注意和反应。

4. 稳定性

市场营销的目的在于正确选择目标市场,集中力量开拓经营,扩大销售,增加企业盈利,这就要求细分的市场不但要有一定的市场容量和发展潜力,而且要有一定程度的稳定性,即占领市场后的相当长时期内不需改变自己的目标市场。

二、市场细分的作用

(1)有利于企业发掘市场机会。

(2)市场细分可以准确地定义客户的物流服务需要和需求,帮助决策者更准确地制定营销目标,更好地分配物流资源。

(3)有利于企业合理地利用资源。

(4)组织市场细分主要变量。

三、市场细分标准

根据物流市场的特点,可以用以下几类标准对其进行细分。

(一)地理区域

按地理区域不同,可以将物流市场分为区域物流市场和跨区域物流市场。

(二)行业对象

按行业对象的不同,可以将物流市场分为汽车物流、家电物流、IT物流、零售物流、医药物流、石化物流等。

(三)客户业务规模

按客户业务规模不同,可以将物流市场分为大客户、中等客户和小客户。

(四)物品属性及服务的使用对象

物流对象——商品和物资,是千差万别的。不同的商品和物资具有不同的物理和化学属性,这些属性对物流成本、物流技术和物流管理都产生了不同的影响,对物流服务也提出了不同的要求。

1. 按照物流产品的属性或该产品及服务的使用对象来划分

(1)生活资料市场细分标准——个体消费者市场细分,包括地理环境、人口状况、消费者心理、购买行为等(见图2-5)。

(2)生产资料市场细分的标准——组织市场细分。生产资料除了使用生活资料市场的细分标准外,还以企业类型、最终用户、企业规模和购买力、地理位置、关键用户等作为细分的

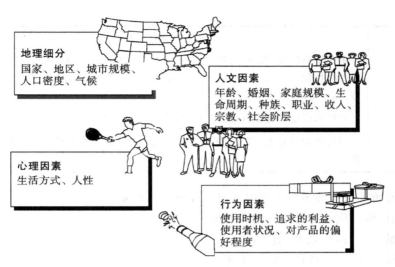

图 2-5 个体消费者市场细分

标准。

企业类型：主要是指企业所处的行业、所有制形式、经营产品的种类和范围等信息。

最终用户：最终用户的不同要求，是生产资料市场细分最通用的标准。在生产资料市场中，不同用户购买同一种商品的使用目的往往是不同的，因而对商品的规格、型号、品质、功能、价格等方面提出不同的要求，追求不同的利益。工商企业要根据生产资料用户的要求来细分市场，把要求大体相同的用户集合成群，以便企业开展有针对性的经营，设计不同的、合适的市场营销组合方案。

企业规模和购买力：企业规模和购买力的大小，也是生产资料市场细分的重要标准。在生产资料市场中，大用户、中用户、小用户的区别要比生活资料市场更为普遍，也更为明显。大用户户数虽少，但购买力相对较大；小用户则相反，购买力不大。企业对大用户市场和小用户市场应分别采用不同的营销组合。

地理位置：企业地点涉及当地资源条件、自然环境、地理位置、生产力布局等因素。这些因素决定地区工业的发展水平、发展规模和生产力布局，形成不同的工业区域，产生不同的生产资料需求特点，工商企业按用户的地点来细分市场，选择用户较为集中的地区作为自己的目标市场，不仅联系方便，信息反馈快，而且能更有效地规划运输路线，节省运力与运费。同时，也能更加充分地利用销售力量，降低推销成本。

关键用户：要在客户群中辨别出关键用户，提供更好的服务。

综上所述，组织市场的细分变量可以用表 2-3 来表示。

表 2-3 组织市场细分的主要变量

细分标准	细分变量
人口统计特征	行业类型、公司规模、公司地域、所有制性质
经营变量	购买或使用量、对技术的重视程度、对服务的专业性要求、对服务的依赖性、对品牌和知名度的重视程度

续表

细分标准	细分变量
采购方法	采购确认标准(质量/价格/服务)、采购方式(租赁/购买/合作/经销/代理)、支付方式(现付/延付/经销/代理)、权力结构(技术主导/财务主导)、组织设置原则(高度集权/高度分散/居中)
情景因素	对特殊用途具有需求,短期、长期、临时服务,一次大宗订货还是长期少量订货
个性特征	对待风险的态度(保守/激进/尝试)、忠诚度、对价值观的认同程度、对文化的认同程度

2. 按照参与物流交易的不同主体的不同经营特征来划分

(1)物流用户所提供的市场细分的主要变量。

①人文变量——行业、规模、地区;

②经营变量——技术、特征、用户、市场;

③采购方式——采购决策模式、采购组织机构、采购政策与标准、客户关系状况、使用状况;

④采购条件——交货时间、特别订货、订货批量;

⑤个性特征——技术适应性、忠诚度、合作性。

(2)物流服务供应商所提供的市场细分的主要变量包括产品成本与价格、产品品牌与形象、产品用途和其他变量。

(3)物流市场营销者细分的主要变量包括市场资源状况、市场战略、规模、市场核心竞争力、竞争优势。

(4)物流市场营销关系细分的主要变量包括交易关系、沟通关系、媒介、中介、物流关系、终端、卖场、营销服务。

(五)物流环节

商品从生产者传递到消费者,一般要经历一个非常复杂的物流过程,这个过程包括储存、运输、装卸、搬运、流通加工、配送等多个环节,这些环节往往需要跨区域、跨行业、跨部门来完成,因此,一个物流企业很难完成上述所有环节的物流活动,而只是选择其中几个企业最具优势的环节,提供物流服务。

(六)其他

除了上述常用的细分标准外,物流企业还可以结合企业的自身特点和资源条件,根据客户特征将物流市场细分为外资、合资和国资等市场;根据不同客户的外包动因,将物流市场细分为关注成本型、关注能力型、关注资金型以及复合关注型等市场;根据物流对象的体积和重量将物流市场细分为大件市场、小件市场等;根据客户的时间要求细分为特快件、快件、一般物件等市场。

四、物流市场细分主要步骤

物流市场细分的主要步骤包括:

(1)物流企业先确定该区域适合物流的哪一项服务,需求规模有多大,服务对象是谁。

(2)选择细分市场的特殊需求变量作为细分标准,突出该区域对物流的特殊需求。

(3) 了解进入细分市场的新变量,使企业不断适应市场的发展变化。
(4) 决定市场细分大小及市场群的潜力,从中选择使企业获得有利机会的目标市场。

市场细分的基本流程图如图 2-6 所示。

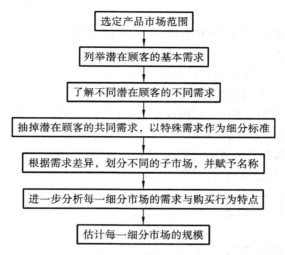

图 2-6 市场细分的基本流程图

五、物流市场细分的方法

物流市场细分的方法是多种多样的,但通行的方法有四种。

(1) 单一标准法。它是指根据市场主体的某一因素进行细分,如按物流产品的危险程度来细分市场,可分为危险品物流和非危险品物流。

(2) 主导因素排列法。它是指当一个细分市场的选择存在多因素时,可以从消费者的特征中寻找和确定主导因素,然后与其他因素有机结合,确定细分的目标市场。

(3) 综合标准法。它是指根据影响消费者需求的两种或两种以上的因素综合进行细分。综合标准法的核心是并列多因素分析,所涉及的各种因素都无先后顺序和重要与否的区别。

(4) 系列因素法。它是指细分市场所涉及的因素通常是多项的,但各项因素之间先后有序、由粗到细、由浅入深。

表 2-4 以系列因素法说明了物流细分市场与客户选择的关系。

表 2-4 以系列因素法做市场细分

地理区域	客户行业	产品属性	物流作业
区域物流	农业	生产资料	联合运输
	制造业	生活资料	直达运输
跨区域物流	商贸业	生产资料	中转运输
		生活资料	甩挂运输
国际物流	服务业	其他资料	集装箱运输

六、物流市场细分的 5W1H 法

(1)谁购买？可以罗列出客户的一般统计材料，如企业名称、注册资本、经营范围、业务特色、行业特点等。

(2)买什么？要罗列出一份详细的清单，包括产品或服务类别、包装、价格、基本服务与承诺、使用量、品牌、使用密度、颜色、款式、说明书、配送要求等。

(3)为什么买？顾客内心期望的真正价值是什么，用什么方法打动了客户。

(4)什么时间买？对服务时间的要求和详细界定。

(5)什么地点买？了解信息的渠道、沟通渠道、网点设置、便利性等。

(6)如何买？怎样结算、怎样支付等。

将以上信息资料全部罗列出来后可以分别从每一项中选择出某些具有鲜明性的特征进行整合，最后确定某一类为自己的目标市场。物流市场细分的 5W1H 法如图 2-7 所示。

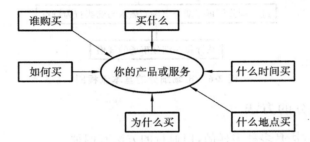

图 2-7 物流市场细分的 5W1H 法

物流市场细分的参考变量——物流客户思考的五种模式。

(1)客户只能接受有限的信息——物流企业要建起快速绿色通道。

(2)客户痛恨复杂，喜爱简单——物流一站式服务。

(3)客户普遍缺乏安全感——要让客户放心，用多种方式增加信任感。

(4)客户对品牌的印象不会轻易改变——品牌建设很重要。

(5)客户的想法容易失去焦点——不断强化宣传和引导。

物流市场细分表的设计与分析

【课业任务】

要求学生把市场细分理论运用于营销实践，联系有关项目或资料，为某一种物流产品进行市场细分表的设计，并对此设计进行分析。

要求学生根据消费差异的地理标准、人口标准、心理标准和行为标准划分市场，设计"市场细分表"，并分析企业能够选择一个或几个细分市场的决策依据，确定企业的目标市场。

要求通过"物流市场细分表的设计与分析"课业实践操作，更好地理解市场细分有关理论知识，掌握市场细分的基本技能。

【课业目标】

通过本课业训练,使学生深刻认识到市场细分对市场运作、开发的重要作用。通过市场细分,企业易于发现未被满足的消费需求,寻找到市场的空白点;可以了解现有目标市场各类顾客的不同消费需求和变化趋势;可以面对自己的目标顾客,有针对性地开展营销活动;可以正确地选择目标市场,采取相应的营销组合策略,制定正确的产品策略、价格策略、分销策略和促销策略,实现企业营销目标。

通过本课业训练,帮助学生掌握市场细分基本技能,为市场开发分析打下基础。市场细分是企业营销管理的一项重要工作,尤其是在企业开发市场项目、选择自己目标市场的决策中,准确地细分市场是市场定位的保证,能为市场开发的可行性分析打下基础。

通过本课业训练,使学生能够掌握市场细分的基本技能,能根据消费者需求差异性的有关资料,选用有关的细分标准,独立设计市场细分表,并能正确分析。这对我们学生将来胜任营销工作、有效开发市场是很重要的,这一技能的掌握也能为学生将来自己创业奠定基础,准备条件。

【课业要求】

(1)要求对"市场细分表"的实践应用价值给予说明,调动学生课业操作的积极性。

(2)要求对"市场细分表"上"整体市场"与"细分市场"的概念与关系给予说明,帮助学生明确"市场细分表"操作作用。

(3)要求对"市场细分表"的数据、资料的制作、填写规则给予耐心指导。

(4)要求提供"物流市场细分表的设计与分析"课业范例,供学生操作参考。

提示:"市场细分表"设计步骤及其要求。

根据市场细分理论,掌握市场细分的标准、原则和方法,联系具体市场或有关项目资料,进行"市场细分表"的设计。

第一步:确定整体市场的范围。

依据项目开发需要,确定整体市场的范围。整体市场的确定具有"相对性",针对自己所进入的市场情况来确定整体市场的范围。

第二步:确定市场细分标准。

根据具体项目要求,选择一定的细分标准来设计"市场细分表"。一般来说,消费者市场的细分标准常用的有区域、性别、年龄、职业、收入、使用情况、品牌偏好情况等。

第三步:制作"市场细分表"。

根据确定的市场细分标准制作"市场细分表",填入有关数据和市场资料。所确定的细分标准填入横向表格第一行。细分标准的填入注意次序排列,一般来说应这样排列:区域、性别、年龄、职业、收入、使用情况、品牌偏好情况。根据具体资料,依据所列细分标准次序完成细分表格的资料填入,表示各细分市场的具体情况。

第四步:分析"市场细分表"。

(1)在"市场细分表"上已展示出整体市场划分的若干个细分市场,能够辨识具体的细分市场。

(2)依据"市场细分表"上展示出的细分市场进行初步选择,对所初选的细分市场进行标号命名。

(3)根据市场需求状况和企业营销实力现状,正确选择企业准备进入哪些细分市场,并分析选择的理由。初选细分市场分析可以从市场规模、市场成长性、营利性、风险性方面着手。

(4)细分市场选择的数量一般根据企业的营销目标与营销实力来确定,中小企业选择细分市场不宜太多、范围太大。

【课业评价】

"物流市场细分表的设计与分析"课业的评价分值比重占第三单元基本技能评估考核总分的50%,即50分。具体评价项目、评价标准、评价分值如表2-5所示。

表2-5 课业评价表

单元课业评价分值	课业是否准时完成 (考评10分)	课业是否符合评估标准(考评40分)	评估考评成绩 (∑50)
课业10:物流市场细分表的设计与分析(∑50)	准时完成得10分;没有准时完成酌情扣分	(1)市场细分表格的规范性(10分); (2)市场细分标准的完整性(5分); (3)市场细分标准的正确性(5分); (4)市场细分初选分析准确(20分)。 如没有准时达到标准,酌情扣分	

任务2 物流业务目标市场选择

一、目标市场选择的概念

1. 目标市场

目标市场是指企业在细分市场的基础上,经过评价和筛选所确定的作为企业经营目标而开拓的特定市场,即企业可以凭借某种相应的产品或服务去满足市场的这一需求,企业所服务的那几个特定的消费者群体就是企业的目标市场。

2. 目标市场选择

目标市场选择是指企业从有希望成为自己的几个目标市场中,根据一定的要求和标准,选择其中某个或几个目标市场作为可行的经营目标的决策过程和决策。

任何企业拓展市场,都应在细分市场的基础上发现可能的目标市场并对其进行选择。因为首先,对企业来说,并非所有的细分市场和可能的目标市场都是企业所愿意进入和能进入的。其次,作为一个企业,无论规模多大、实力多强,都无法满足所有买主的所有需求。由于资源的限制,企业不可能有足够的人力、财力、物力来满足整体市场的需求。

二、选择目标市场的条件

一个理想的目标市场必须具备下列四个条件:

(1)有足够的市场需求。

选择目标市场一定要有尚未满足的现实需求和潜在需求。理想的目标市场应该是有利可图的市场,没有需求而不能获利的市场谁也不会去选择。

(2)市场上有一定的购买力。

一定的购买力指有足够的销售额。市场仅存在未满足的需求,不等于有购买力和销售额。如果没有购买力或购买力很低,就不可能构成现实市场,因此,选择目标市场必须对目标市场的人口、购买力、购买欲望进行分析和评价。

(3)企业必须有能力满足目标市场的需求。

在市场细分的子市场中,可以发现有利可图的子市场有许多,但是不一定都能成为企业自己的目标市场,必须选择企业有能力去占领的市场作为自己的目标市场。同时,开发任何市场都必须花费一定的费用,将花费的一定费用和带来的企业利润相比较,只有带来的企业利润大于企业的费用的目标市场,才是有效的目标市场。

(4)在被选择的目标市场上本企业具有竞争优势。

竞争优势主要表现为:该市场上没有竞争或者有很少的竞争;如有竞争也不激烈,并有足够的能力击败对手;该企业可望取得较大的市场占有率。

三、选择目标市场的策略

所谓目标市场策略,是指企业对客观存在的不同消费者群体,根据不同商品和劳务的特点,采取不同的市场营销组合的总称。

1. 物流企业目标市场的营销策略

一般说来,目标市场的营销策略有无差异性市场策略、差异性市场策略、密集(集中)型市场策略、一对一营销策略。

1)无差异性市场策略

无差异性市场策略(见图2-8)是指企业采用单一的营销策略来开拓市场,即企业着眼于消费者需求的同质性,把整个市场看成一个大市场,对市场的各个部分同等看待,推出一种商品,采用一种价格,使用相同的分销渠道,应用相同的广告设计和广告宣传,去占领总体市场的策略。其指导思想是:市场上所有消费者对某一商品的需求是基本相同的,企业大批量经营就能满足消费者的需求,获得较多的销售额,因而把总体市场作为企业的目标市场。这一策略的最大优点是:由于大批量生产和经营,有利于企业降低成本,取得规模效应;由于不需要对市场进行细分,可相应地节省市场调研和宣传费用,有利于提高利润水平。此种策略的缺点是:难以满足消费者多样化的需求,不能适应瞬息万变的市场形势,应变能力差。因此,一般来说,选择性不强、差异性不大的大路货商品、供不应求的商品、具有专利性的商品等,宜采用此策略。

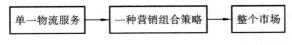

图 2-8 无差异性市场策略图示

2)差异性市场策略

差异性市场策略(见图2-9)是指企业把整个大市场细分为若干个不同的市场群体,依据每个小市场在需求上的差异性,有针对性地分别组织经销商品和制定营销策略,即组织不同的商品,根据不同的商品制定不同的价格,采用不同的分销渠道,应用多种广告设计和广告宣传,满足不同顾客的多样化需求,才能提高企业的竞争能力,占领较多市场,因而选择较多的细分市场作为企业的目标市场。很显然,差异性市场策略的最大优点是:全面满足消费者的不同需求,同时,一个企业经营多种商品,实现营销方式和广告宣传的多样性,能适应越来越激烈的市场竞争,有利于扩大市场占有率,增加企业销售额,提高企业信誉。其缺点在于:销售费用和各种营销成本较高,受到企业资源和经济实力的限制较大。因此,差异性市场策略适用于选择性较强、需求弹性大、规格等级复杂的商品营销。

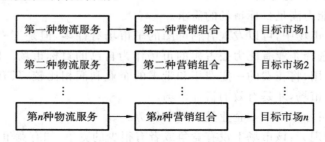

图 2-9　差异性市场策略图示

3)密集(集中)型市场策略

密集型市场策略(见图 2-10)也称为集中型市场策略,是指企业把整个市场细分后,选择一个或少数几个细分市场作为目标市场,实行专业化经营,即企业集中力量向一个或少数几个细分市场推出商品,占领一个或少数几个细分市场的策略。其指导思想是:与其在较多的细分市场上都获得较低的市场份额,不如在较少的细分市场上获得较高的市场占有率,因而只选择一个或少数几个细分市场,作为企业的目标市场。密集型市场策略的优点在于:可准确地了解顾客的不同需求,有针对性地采取营销策略,可节约营销成本和营销费用,从而提高企业投资利润率。这种市场策略的最大缺点在于:风险性较大,最容易受竞争的冲击。因为目标市场比较狭窄,一旦竞争者的实力超过自己,消费者的爱好发生转移或市场情况突然发生变化,企业都有可能陷入困境。因此,密集型市场策略经常被资源有限的中小企业所采用。

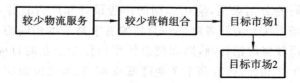

图 2-10　密集(集中)型市场策略图示

4)一对一营销策略

它是物流目标市场的最精细化策略,是市场细分的最高境界,它推行的是"一对一"和"量身定制"的物流服务,要根据顾客的需求提供个性化的服务。

2.物流企业目标市场范围策略

一般企业市场营销时可以采用的范围策略包括市场集中化型、产品专业化型、市场专业化型、选择专业化型、全面进入型(见图 2-11)。

(1)市场集中化型。企业只提供一种物流服务供应单一顾客群。

(2)产品专业化型。企业只提供一种形式的物流服务,满足各种类型的客户群。

(3)市场专业化型。市场专业化型是指物流企业向同一顾客群提供不同种类的物流服务,这一模式有助于发展和利用与顾客之间的关系,降低交易成本。

(4)选择专业化型。选择专业化型是指物流企业针对不同的顾客群提供不同种类的物流服务,这一模式也有助于降低交易成本。

（5）全面进入型。全面进入型是指物流企业决定全方位进入细分市场,为所有顾客提供他们所需要的不同种类的系列服务。

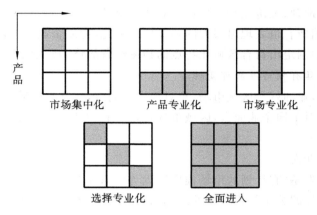

图 2-11　物流企业目标市场范围策略图示

3. 选择目标市场策略应考虑的因素

前述三种目标市场策略各有利弊,在营销实践中,企业究竟选择何种市场营销策略,主要取决于所经营的商品、市场状况及企业自身条件。具体来说,需考虑以下因素:

（1）企业资源。如果企业资源条件好,经济实力和营销能力强,可以采取差异性市场策略。如果企业资源有限,无力把整体市场或几个市场作为自己的经营范围,则应该考虑选择密集型市场策略,以取得在小市场上的优势地位。

（2）商品或服务的特点。有些商品在品质上差异性较小,同时消费者也不加以严格区别和过多关注,可以采取无差异性市场策略。相反,对于服装、电视机、照相机等品质上差异较大的商品,宜采用差异性市场策略或密集型市场策略

（3）商品或服务的市场生命周期。一般来说,商品从进入市场到退出市场要经过四个阶段,商品处在不同的阶段,应采取不同的市场营销策略。当商品处于进入市场阶段时,由于竞争者较少,企业主要是探测市场需求和潜在顾客,这时宜采用无差异性市场策略和密集型市场策略;当商品进入饱和或衰退市场阶段时,企业为保持原有市场,延长商品的生命周期,集中力量对付竞争者,应当采用密集型市场策略。

（4）不同物流细分市场的特征。市场特征是指各细分市场间的区别程度。当市场消费者需求比较接近,偏好及其特点大致相似,对市场营销策略的刺激反应大致相同,对营销方式的要求无多大差别时,企业可采用无差异性市场策略;若市场上消费者需求的同质性较小,明显地对同一商品在花色、品种、规格、价格、服务方式等方面有不同的要求,则宜采用差异性市场策略或密集型市场策略。

（5）物流细分市场的竞争状况。企业采用哪种目标市场策略,需视竞争对手的实力和市场营销策略情况而定。当竞争者采取差异性市场策略时,企业就应当采用差异性市场策略或密集型市场策略;若竞争对手力量较弱,则可采用无差异性市场策略。

四、物流区域市场细分策略

1. 区域市场是一个地理概念

因为各地区之间地理、经济结构、产业特性、自然环境、人文特点、基础设施、文化政治、语言、风俗、宗教不同,消费者也表现出很大的差异性。为此,物流企业必须正视各地区的差异性,因地制宜,有针对性地制定出符合区域化特点的物流经营战略和营销推广策略。

2. 区域物流市场具有相对性和可变性

相对于全球而言,亚洲就是区域市场;相对于中国而言,江苏是区域市场;相对于城市而言,农村又是区域市场。对不同企业而言,区域市场是相对的;对同一企业而言,因目标市场的定位不同,它又是可变的。

3. 区域物流市场开发

区域物流市场开发是"有计划的市场推广",因为区域市场是一个相对概念,企业在推广过程中处理好局部和整体的关系是很重要的。"有计划的市场推广"既反映了开发、生产、销售环节的计划性、有序性,又反映出企业自身的能动性。"有计划"是指企业在自身实力、知名度有限的情况下,使企业市场投入资源高度集约化,成为一个统一的作战团队,制定量力而行的市场销售目标,审时度势,制订市场推广阶段性计划,以发挥最大杀伤力;同时也显示出企业区域市场开拓的计划性,如先易后难、先重点后一般、先集中优势兵力强攻易进入的市场,夺取局部胜利,然后逐步扩大到市场根据地等。

4. 开发区域物流市场的意义

市场经济的实质是竞争经济,作为物流市场主体的物流企业,要想在强手如林的市场上稳健发展,必须建立明确而稳定的区域市场。企业可以在有限的空间内创造局部优势,赢得较大市场份额,从而有效抵御竞争攻势,保存并壮大自己,这是企业竞争取胜的一把利器。

与其在整体市场上与竞争强手短兵相接,不如在区域市场上创造优势;与其在广大市场范围上占有极小的市场份额,不如在某几个区域市场上提高市场占有率。对大企业如此,对中小企业尤为重要。

▶ 课后练习

选择目标市场及策略

【任务目标】通过本次实训,培养学生选择目标市场及制定目标市场策略的能力。

【任务背景】某洗发水公司总经理赵先生这段时间心急如焚,他的企业由于规模不大,产品缺乏特色,再加上国外洗发水生产商的大规模进入与扩张,企业经营困难,面临倒闭的危险。企业原来生产的洗发水,产品定位不够明确,没有明确的目标消费群体,与中高档洗发水相比,品牌知名度、影响力不够;而与低档洗发用品相比,价格上又没有竞争力。赵先生和同事们认为要摆脱这种局面,必须对洗发水市场进行认真分析。应该说,作为个人清洁用品之一的洗发水产品,其市场规模在整个个人清洁用品市场上占的比重是相当大的。洗发水产品作为一种快速消费品,使用周期短、人均使用量较大,而且中国人口众多,对洗发水有着巨大的市场需求,尤其是在夏天和南方地区。当然,洗发水市场的竞争也是很激烈的,因为产品配方简单、技术工艺也不复杂,所以进入这一行业的门槛较低。目前,宝洁等国外大公司占据了很大的市场份额,国内品牌无法与之抗衡。

经过调查他们发现,就我国目前的洗发水产品的消费状况来看,性别的不同对洗发水用品的需求并没有明显的影响,而且市面上也没有专门针对女性消费者或是男性消费者的洗发水。从洗发水产品的广告来看,绝大多数品牌都使用女模特做广告。当然,这也是有原因的,一方面在购买洗发水产品的消费者中,女性所占的比例明显高于男性;另一方面,就目前的消费观念来说,洗发水产品并无"性别"之分,各种洗发水产品都是既适合女性,同时也适合男性的。然而,消费观念是可以改变的,消费观念同需求一样,也是可以被细分的。

据调查显示,在购买洗发水的男性消费者中,年龄在45~54岁的所占的比例最高。因为男性人口比例占总人口的一半以上,而且绝大多数的男性都使用洗发水产品,因而市场规模是可观的。就我国目前而言,专门针对男性的洗发水产品还不多,也没有知名的品牌。可以说这是一个市场空白,也是一个很好的市场机会。对于赵先生的公司这样实力较弱的国内企业来说,进军这个市场,可以避开与跨国公司的直接竞争,或许是一个很好的选择。

因此,如果针对这一目标市场,推出一种专门针对男性消费者的洗发水,在广告宣传中突出其"男性专用"的特点,通过各种营销手段建立起品牌优势,使之成为男性"成功和地位"的象征,也许可以出奇制胜,占领男性洗发水市场。当然,考虑到企业目前的实力和市场形象,产品价格不宜太高,最好先走低档路线。

(资料来源:张雪峰.洗发水市场细分与定位策略探讨[J].中国营销传播网,2001-05-30.)

【任务要求】

1.以小组为单位,每组设组长一名,负责组织本组成员进行实训。

2.小组进行分析讨论:(1)赵先生是如何对洗发水细分市场进行评估的?(2)你同意他的分析吗?为什么?

3.如果赵先生最后选择了这一目标市场,并针对这一目标市场推出一种专门针对男性消费者的洗发水,那他应该如何制定目标市场策略?以小组为单位形成目标市场选择书面建议,建议需包括细分市场评估、目标市场选择、目标市场策略等,向全班师生汇报本组意向,教师对各组汇报做综合讲评。

物流营销=70%脚+30%脑

"70%脚"是指物流营销与一般产品营销一样,物流企业要将自己的工作重点放在走访客户、走访市场、调研环境上,通过艰辛的体力劳动、辛勤的付出、不厌其烦地主动与客户沟通、凭借对客户与市场细节的洞察力和关注度获得客户的信赖,所有这些离不开平时的积累,是用"脚"做出来的,而不是凭空想象出来的。

"30%脑"是指在有了前面"70%脚"的基础和前提下,根据对客户的准确把握,通过一定的技巧和手段,策划具有实用营销价值的营销方案。

任务3 物流业务市场定位

活动:为物流企业进行目标市场选择。

操作步骤：
(1)将班级同学分成八人一组，每组确定一名负责人。
(2)每组选定一家物流企业(之前已做过物流市场细分的企业)。
(3)为该物流企业进行目标市场选择及市场定位。
(4)每组学生阐述目标市场选择的原因，教师和同学共同分析其合理性。

案例分析

泓明物流的市场定位策划

1. 公司介绍

上海泓明国际物流(集团)有限公司(简称集团)，集团总部注册在上海浦东新区陆家嘴金融贸易区，总资产超过1.5亿元人民币，职员超过400人。2005年的集团营业总额超过1.8亿元人民币，并且每年以15％～20％的速度快速增长，成为本地市场上快速成长的中型国际运输和物流集团之一。

集团立足于大中华和东盟地区，拥有7家子公司，10多家分支机构和3家合资企业，在新加坡和泰国拥有海外公司，海外代理网络覆盖130多个国家和地区。为了更好地满足客户需求，集团强调IT业、金融业和物流业的结合和一体化，为客户提供物流、资金流、信息流和商流等一整条供应链解决方案，同时严格按照ISO9001体系，为客户提供对采购(进出口)、运输、仓储、配送、销售和售后服务等各个环节进行计划、协调、控制和优化的专业供应链服务。

集团通过供应商管理库存模式、生产商管理库存模式和逆向物流模式，为客户提供JIT物流服务。以"大胆创新、快速应变、热情忠诚"的态度承诺为每一个客户提供安全、经济和及时的一站式物流服务，与每一个客户缔结长期的友好合作关系。

2. 服务项目

集团能够为客户对采购(进出口)、运输、仓储、配送、销售和售后服务等各个环节提供一站式的物流服务，包括海洋(内河)运输、航空运输、铁路运输、公路运输、多式联运、仓储服务、物流服务、通关服务、贸易代理、保险代理、资金服务、信息服务等。

3. 专业方案

集团根据不同行业的市场需求，为客户的各个物流环节提供计划、协调、控制和优化的专业供应链服务解决方案。在设备备件、纺织品和服装、电子产品、化学危险品、冷冻冷藏品、汽车零部件、医疗医药、印刷和出版等领域，集团可以为客户提供周到的全套基本服务和增值服务，并且有丰富的实际运作经验。

1) 设备备件物流

随着许多高科技企业竞争的加剧，主要利润点正从产品销售逐渐向售后服务转移，而备件交付速度往往决定了售后服务处理的速度和客户满意度。由于亚太地区，特别是中国逐渐成为世界制造业中心，供应商对备件物流的要求越来越高。集团可以根据设备供应商的要求建立备件物流中心，保障其备品备件的安全库存管理，开展零部件分拨，直接为客户提供2～4小时的备件配送服务。

2) 纺织品和服装物流

由于货主在供货期、商品种类等方面提出了更为严格的要求，纺织贸易公司面临着三方面的困难,即批量减小、周期缩短和价格战。如果出现延误交货期或质量问题,就可能严重影响纺织贸易公司的业绩。在这种背景下,各公司不可避免地希望加强在生产地的质量管理,以降低退货率,减少因质量问题造成的损失。将物流加工的增值服务从海外消费国移入生产国,尽可能降低物流成本,提高物流效率。同时加强信息化建设,以降低物流成本,包括减少库存损失,缩短停工待料时间等。集团可以根据纺织贸易公司的需求,为其提供面料、辅料的保管、裁剪和配送,服装的质检、修补、分类、标贴、包装、仓储、配送和信息等度身定做的物流服务。

3)电子产品物流

电子产品制造业主要生产一些高价值和相对时间敏感的产品。因此,电子产品制造商对供应链要求非常高且复杂。这主要是因为他们的产品普遍价值高,技术革新迅速以及产品复杂化。集团针对这些制造商开发了一系列的增值服务,以便缩短产品制造时间和提高服务质量。这些服务包括提供快速反应和有针对性的供应链,以用来统一采购、库存、运输和分拨配送等物流服务。

4.主要客户

集团为一些大型的生产商、供应商、贸易商和物流商提供物流服务,主要有:

(1)半导体:新科金朋 STAT CHIPAC、安靠 AMKOR、台积电 TSMC、和舰 HEJIAN、中芯国际 SMIC、日月光半导体 ASMC、华虹电子 HHNEC、海力士 HYNIX、CSMC、CSWC、SINOMOS、IMP、诺发 NOVELLUS、泛林 LAM RESEARCH、阿斯麦 ASML、亚舍立 AXCELIS、KLA-Tencor、CYMAR、SEZ、启扬 SIC。

(2)纺织品和服装:蝶理 CHORI、泷定 TAKISADA、伊都锦 ITOKIN、大和纺 DAIWABO、上海协通集团 XIE TONG、波司登 BOSIDENG、嘉兴布衣坊 BUYIFANG、嘉兴巴路漫 BALUMAN。

(3)电子产品:南亚电子 NANYA ELECTRONICS、微达电脑 MSI、三菱 MITSUBISHI、松下微波炉 NATIONAL、上广电集团 SVA、蒂雅克 TEAC、达丰电脑 QSMC。

(4)冷冻冷藏品:新西兰乳品、肯德基 KFC、泰国正大集团 CP。

(5)化学危险品:巴斯夫 BASF、霍尼韦尔 HONEYWELL、旭化成 ASAHIKASEI、通源塑胶 THONG GUAN、日东 NITTO、日立 HITACHI、三菱气体 MITSUBISHI GAS、湖南嘉利国际集团 JIALI。

(6)汽车零部件:德尔福 DELPHI、广州本田 GUANGZHOU HONDA、浙江万向集团 WANXIANG、德事隆紧固系统 TEXTRON、台湾玻璃 TAIWAN GLASS。

(7)医疗医药:台欣 TYSON。

(8)物流:柏灵顿物流 BAX GLOBAL、住友仓储 SUMITOMO WAREHOUSE、共荣仓库 KYOEISOKO。

(9)其他:康美包 SIG、中国华源集团 HUA YUAN、江苏开元国际集团 KAI YUAN、宁波华联集团 HUA LIAN 等。

5.在无锡落户背景

无锡出口加工区的建立为无锡乃至上海周边地区和长三角地区的经济发展提供了新的机遇。

2002年6月21日经国务院批准设立江苏无锡出口加工区。

出口加工区位于无锡国家高新技术产业开发区内,东邻上海100公里,西接南京147公里,距沪宁高速公路硕放出口仅3公里。无锡是区域性的交通枢纽,集铁路、公路、空运、水运于一体,构成了四通八达的水陆交通网络。京沪铁路、京杭大运河、沪宁高速公路、312国道、104国道,在出口加工区旁穿过,到达宁、沪、杭等地重要城市,车程都在1~2小时。

无锡出口加工区实施"境内关外"的管理模式,享受一整套极其优惠的政策。出口加工区海关实行"一次申报、一次审单、一次查验",24小时通关服务。区内企业不仅享有海关提供的简单、快捷的通关便利,还享有出口加工区和国家级高新技术产业开发区特有的税收优惠政策。区内建有"九通一平"的市政基础设施,海关、国检、银行、运输、仓储等机构一应俱全,落户企业不出园区即可办好一切进出口手续。

无锡出口加工区鼓励发展的产业为电子信息、光机电一体化及精密机械、新材料。

无锡出口加工区允许进区企业为加工区内可设置出口加工型企业(产品出口率≥70%)、专为出口加工企业生产提供服务的仓储企业、经海关核准专门从事加工区货物进出的运输企业。

江苏最大外商独资项目海力士超大规模晶圆项目已经落户无锡出口加工区。

6. 公司优势

1)成熟的备件物流管理经验

集团2003年在上海外高桥保税区泓明物流中心内根据诺发(NOVELLUS)、泛林(LAM RESEARCH)、阿斯麦(ASML)、亚舍立(AXCELIS)等主要半导体设备供应商的要求建立外高桥保税区半导体设备备件物流中心,开展备品备件的订单管理、安全库存管理、分拨配送和逆向物流服务,直接为长三角地区半导体生产企业提供全天候备件配送服务。从接到指令起,要经过分拣、海关备案、配送、交货等多道环节,订货和交货时间最快的(张江高科园区)0.5小时送到客户手中,最长的(宁波)4小时送到客户手中,从未发生过任何货差、货损和延迟到达的情况,赢得了设备供应商和生产商,包括中芯国际(SMIC)、台积电(TSMC)、和舰(HEJIAN)、日月光半导体(ASMC)、华虹电子(HHNEC)、CSMC、CSWC、SINOMOS、IMP等多家半导体生产企业的高度评价。

集团同时还为半导体设备供应商和生产商提供以下综合物流基本和增值服务:半导体制造设备、调试安装设备和备件投产前期的物流管理和运作,包括海空运进口、通关、运输、搬运、仓储等。

提供备件的空运、快递和随身行李的多种快捷国际运输服务。

提供备件商品的HS编码预归类,为客户度身定做备件商品HS编码库。

提供备件整进零出、分批出货、先提后报、集中报关等特殊模式的保税分拨业务。

提供在设备保修期内免税更换备品备件的无代价抵偿等通关服务。

提供设备检测、维修和翻新服务。

提供呼叫中心和管理报告的增值服务。

2)强大的信息技术支持

每家半导体设备供应商的备品备件型号和规格有几千上万种,小到一个垫圈,大到一个总成。货物进出数量小、批量多。传统的备件物流管理完全局限于人为操作,由于人为操作受着人的大脑以及手的支配,必然会不定期地出错。当企业的物流业务成长到一定规模之后,随着订单数量的增加,信息量也随之增加,加之客户需求的不同,信息的繁多与杂乱使得人为操作越来越不可行,甚至达到了不能再依赖此操作方式的地步。为了使备件物流中的每个环节保持通畅,以满足半导体设备供应商对作业的效率、准确率、响应速度、作业量等提出的更高要求。

集团在2003年组建了由来自美国硅谷海归人士具有多年企业级应用软件产品研发和管理经验的IT研发和管理团队。整合传统物流、电子商务、网络信息等技术资源,基于J2EE构造的支持开放标准,以企业的信息整合及知识管理(enterprise information collaboration and knowledge management)理念为指导,针对集团的实际情况,开发了完备的备件物流电子商务系统,能够最大限度地满足半导体设备供应商和生产商在供应链管理中的需求,大大提高了企业效益和效率,包括:

提供基于WEB的仓库管理系统WMS,提供收货、储存、出货、库内作业、调度管理、RF技术和预警及账表的信息管理。

提供WMS和集团已有的客户关系管理系统CRM、货运代理管理系统FMS、陆上运输管理系统TMS和订单管理系统(sales order system)的高度整合,以方便数据的共享。

实现基于WEB的订单实时处理、备件在库管理、GPS运输实时跟踪和通关状态的实时全程信息跟踪服务。

实现备件商品的HS编码预归类管理系统,为客户度身定做备件商品HS编码数据库和查询系统。

实现设备供应商备件的海关电子账册管理服务。

为供应商和生产商的ERP或SAP系统提供度身定做的数据接口,实现与客户自有系统的数据对接,实现信息的迅速共享和传达,保障企业的整个运作链条平滑运转。

3)全面的口岸物流操作网络

集团属下的泓明国际货运有限公司是专门从事国际货代的专业公司,运作已有十年。经过十年的发展,综合实力大大增强,已经成为行业中著名的货代企业。

泓明国际货运有限公司主要从事海空国际货运代理、陆上运输、报关服务、仓储服务。报关网络覆盖上海各口岸,从国际航运中心,到吴淞、外高桥、洋山等海运口岸,从虹桥机场、浦东机场等航空口岸,到嘉定、青浦、莘庄、松江等重要的内陆口岸,也包括从外高桥保税区、松江、青浦,到昆山、苏州出口加工区等特定区域,形成了完善的口岸物流操作网络。在全国主要沿海城市建立十多家分公司,包括江苏省的南京、苏州、昆山等地。

半导体生产设备备品备件物流服务必然要涉及备件的进口、退运出口和无代价抵偿等。泓明国际货运有限公司在吴淞、外高桥和洋山等海运口岸设有联办办公室,专门办理海运进出口的口岸操作;在浦东机场设有空运办公室和海关监管仓库,专门负责空运进出口货物的口岸操作;在外高桥保税区设有办事处,专门负责海关监管集装箱和散货进出保税区的一切手续。口岸网络的设立和专业的高级关务管理团队的高效率工作,加上EDI通关、EDI纳税、电子账册管理、商品预归类和核价等先进高效的关务管理,使得半导体生产设备备品备件的进出口一路畅通无阻。

4)快速的全球反应能力

根据物流市场的分析,一个半导体设备供应商的维修备品备件库存只能满足90%的维修需求,如果要达到99%满足需求,就需要增加5倍的备件库存量。设备供应商不可能把大量的资金压在备件库存里,因此,总有20%左右的备品备件要从其他国家或地区的备件库中调用。要使调用的备件能快速到达用户手中,这就需要物流供应商具有全球快速反应的条件和能力。

集团在外高桥保税区已经建立了备件物流中心。一旦无锡出口加工区备件物流中心缺货,集团可以充分利用海关给予的整进零出、分批出货、先提后报、集中报关等特殊模式的保税分拨业务的资质,用4小时的订货和交货时间完成从上海外高桥保税区到无锡出口加工区备件仓库的调拨。

集团在美国、日本、韩国、新加坡、中国台湾等国家和地区的拥有良好紧密合作关系的半导体设备备件物流的供应商。当无锡备件仓库缺货时,可以利用集团强大的空运海外网络和浦东机场仓库的操作能力,将订货和交货时间控制在1.5天内。

5)综合的物流服务能力

据调查,在物流行业中,一般的物流企业在某一方面有一定的专长,是比较常见的。有的在货代操作上有优势,有的在运输上有一定的规模,有的在传统仓储方面有一定的经验,还有的在通关上解决问题的能力较强。但由于各种原因,综合实力较强的物流企业屈指可数。特别是同时具有以上几方面综合实力和实战经验的物流企业确实很难找。

集团经过十年的发展和积累,已经具备了以上各方面的综合实力,并且已经有了不可多得的实战经验。不仅有充足的资源,更可贵的是有一支身经百战的管理团队和强大的操作队伍。在这方面,其他物流企业是无法比拟的。集团有今天的实力和能力,集团决策人的经营理念和经营思路起了关键的作用。我们同样要把这样的经营理念和经营思路贯彻到无锡出口加工区的半导体生产设备备品备件的管理和配送业务上去。

我们要用我们的综合实力为无锡出口加工区的企业服务。同时,在为无锡出口加工区企业的服务中壮大我们的综合实力。我们相信,这一定是双赢的结果。

7. 立项依据

根据项目背景的介绍,可以认为:

(1)无锡出口加工区鼓励发展的产业为电子信息、光机电一体化及精密机械、新材料。

(2)无锡出口加工区允许进区企业为加工区内可设置出口加工型企业(产品出口率≥70%)、专为出口加工企业生产提供服务的仓储企业、经海关核准专门从事加工区货物进出的运输企业。

(3)江苏最大外商独资项目海力士超大规模晶圆项目已经落户无锡出口加工区。

8. 公司条件

集团是专业的备件物流供应商,已经有为诺发(NOVELLUS)、泛林(LAM RESEARCH)、阿斯麦(ASML)、亚舍立(AXCELIS)等主要半导体设备供应商开展备品备件订单管理、安全库存管理、分拨配送和逆向物流服务的多年实际经验,按照ISO9001标准有一整套有效实际的运作模式,并且拥有一批高效的备件物流管理团队。

9. 在无锡出口加工区落户的目标市场和市场定位

集团作为为出口加工企业生产提供服务的运输和仓储企业,专门为无锡出口加工区内的半导体企业的生产设备提供维修用的备件物流服务,包括半导体制造设备、安装设备和备件的投产前期的物流管理和运作,包括海空运进口、通关、运输、搬运、仓储等。

为供应商提供设备备件供应商管理库存(VMI),包括订单管理、安全库存管理和库存调整等。提供退货、换货或由于技术管制更换备件的逆向物流服务。提供备件的空运、快递和随身行李的多种快捷国际运输服务。提供365天7天24小时全天候配送服务。提供备件商品的HS编码预归类,为客户度身定做备件商品HS编码库。提供备件整进零出、分批出货、先提后报、集中报关等特殊模式的保税分拨业务。提供在设备保修期内免税更换备品备件的无代价抵偿等通关服务。提供设备检测、维修和翻新服务。提供呼叫中心和管理报告的增值服务。

10. 项目意义

(1) 符合政府产业发展导向。

根据无锡出口加工区定下的产业政策,鼓励发展电子信息产业、光机电一体化及精密机械产业、新材料。无锡作为我国微电子工业的南方基地,电子信息产业正在形成越来越大的区域优势。在全国目前最大的高新技术项目海力士意法"8英寸"及"12英寸"半导体工厂在无锡举行的开工庆典上,出席该项目开工庆典的江苏省领导均乐观表示,该项目的开工,预示着无锡离建设中国"硅谷"的梦又近了一步,无锡将借此确立在中国IC产业高地的地位。

作为高科技的大口径晶圆生产企业,要维持高效率的持续生产,必须确保生产设备的完好正常运转,设备维修备品备件充足而又及时的供给起了决定性的作用。根据科学测算,要满足维修更换的需要,备品备件的库存率要达到设备价值的20%~25%,同时还要有高标准的库房和高昂的管理成本。而我们将要在无锡出口加工区建立的备件物流中心,向半导体生产企业及时提供生产设备维修用的备品备件,正好解决了晶圆生产企业的后顾之忧。可以说,在无锡出口加工区由我们承担半导体生产设备备品备件的及时配送,加强了为半导体生产企业全面服务的基础,改善了投资的条件,可以吸引更多的半导体生产企业到无锡出口加工区投资设厂,可以更快地实现无锡建设中国"硅谷"的宏伟规划。集团在半导体生产设备备品备件的管理和配送方面的经验和能力必定能为无锡出口加工区的定向发展做出贡献。

(2) 缩短备件订货和交货时间。

随着海力士意法海力士在无锡出口加工区落户,一种完全不同于以往其他区域、其他IT生产企业及半导体行业的业务模式产生了,海力士是到目前为止第一个在出口加工区落户的半导体生产企业。我们把备件物流中心选择建立在同一个特定区域,为了避免冗长的不同区域的海关转关手续、烦琐的无代价抵偿和退运手续,可以将在备件物流中心中存货的订货和交货时间控制在30分钟内,而在海外备件仓库中存货的订货和交货时间需要1.5天,在上海外高桥保税区备件仓库或张江维修寄售仓库TSS中存货的订货和交货时间需要4小时。

海力士意法是第一家在无锡出口加工区落户的半导体生产企业。根据加工区的规划和目前的大好形势,还会有第二家、第三家甚至更多的半导体生产企业会被吸引到无锡出口加工区来落户。它们同样有生产设备的备品备件供应的JIT需求。那时,加工区内已经成熟、高效备件物流中心肯定是一个吸引它们决心投资落户的重要因素之一。

(3) 提供一站式技术维修服务。

备件物流中心还将具有设备检测和技术维修中心的功能。我们将邀请设备供应商的维修工程师常驻备件物流中心,维修用的仪器、设备、工具可以常备在备件物流中心。一旦工厂的设备出现问题,维修工程师可以在第一时间到达现场,最大限度地压缩停工的时间。同时对生产商更新的设备由我们配合供应商组织回收处理,运回海外或就地检测、维修和翻新,可以大幅度降低工厂的设备使用成本和合理再利用资源。

知识导入

一、目标市场定位的概念

市场定位(marketing positioning),通常还被称为产品定位或竞争性定位。作为市场营销理论的重要概念和方法,市场定位是根据竞争者现有产品在市场上所处的地位和消费者或用户对产品某一特征或属性的重视程度,努力塑造出本企业产品与众不同的、给人印象鲜明的个性或形象,并把这种形象和个性特征生动有力地传递给目标顾客,使该产品在市场上确定强有力的竞争位置。亦即,市场定位是塑造一种产品在市场上的位置,这种位置取决于消费者或用户怎样认识这种产品。

也就是说,市场定位就是根据市场竞争情况和本企业条件,为企业或产品在目标市场上树立一定特色,塑造预定形象,并争取客户的认同。所以,市场定位的依据一是客户的需求特征,二是该产品的主要竞争者的产品主要特征。

需要掌握以下信息:

目标市场上的竞争者提供何种商品给顾客?

顾客确实需要什么?

目标市场上的新顾客是谁?

二、物流目标市场定位

(一)物流目标市场定位常见的问题

物流企业只强调市场形象的塑造,不重视本企业可以给客户带来哪些利益和价值;不深入研究本企业与竞争对手的区别,进行有效的市场细分,满足不同需求的目标市场;只强调功能性形象,而忽视象征性形象的宣传和塑造,或正好相反;不了解客户的真实想法和感受,盲目宣传或扩大宣传等;产品或服务项目雷同,对不同客户提供同样的产品或服务。

(二)物流目标市场定位的步骤

市场定位首先要分析和研究市场和竞争对手,弄清顾客如何评价竞争对手,有怎样的需求,本企业的优势和劣势在哪里,有什么样的市场机会,进而推出自己企业的产品或服务,既区别于竞争对手又有巨大的市场潜力。

1. 明确潜在的竞争优势

(1)分析竞争者。

(2)分析市场(目标客户)。

(3)明确潜在的竞争优势。

2. 选择相对的竞争优势

企业通过与竞争者在技术、价格、质量、渠道、服务等方面的对比分析,了解自己的长处和短处,从而认定自己的竞争优势,进行恰当的市场定位。

3. 显示独特的竞争优势

企业在做出市场定位决策后,还必须大力开展广告宣传,把企业的定位观念准确地传播给潜在购买者,显示竞争优,包括建立与市场定位相一致的形象,让目标客户知道、了解并熟悉企业的市场定位。

(三)物流目标市场定位策略

1. 市场领先者定位策略

市场领先者定位策略是指企业选择的目标市场尚未被竞争者发现,企业率先进入市场,抢先占领市场。企业采用这种定位策略,必须符合以下几个条件:

(1)该市场符合消费发展趋势,具有强大的市场潜力;
(2)本企业具备领先的条件和能力;
(3)进入的市场必须有利于创造企业的营销特色;
(4)提高市场占有率,使本企业的销售额在未来市场的份额中占有40%左右。

2. 市场挑战者定位策略

市场挑战者定位策略是指企业把市场位置定在竞争者的附近,与在市场上占据支配地位的,亦即最强的竞争对手"对着干",并最终战胜对方,让本企业取而代之。企业采取这种策略,必须具备以下条件:
(1)要有足够的市场潜力;
(2)本企业具有比竞争对手更丰富的资源和更强的营销能力;
(3)本企业能够向目标市场提供更好的商品和服务。

3. 跟随竞争者市场定位策略

跟随竞争者市场定位策略是指企业发现目标市场竞争者充斥,已座无虚席,而该市场需求潜力又很大,企业跟随竞争者挤入市场,与竞争者处在一个位置上,企业用此策略,必须具备以下条件:
(1)目标市场还有很大的需求潜力;
(2)目标市场未被竞争者完全垄断;
(3)企业具备挤入市场的条件和与竞争对手"平分秋色"的营销能力。

4. 市场补缺者定位策略

市场补缺者定位策略是指企业把自己的市场位置定在竞争者没有注意和占领的市场位置上。当企业对竞争者的市场位置、消费者的实际需求和自己经营的商品属性进行评估分析后,如果发现企业所面临的目标市场并非完全被竞争者充斥,存在一定的市场缝隙或空间,而且自身所经营的商品又难以正面抗衡,这时企业就应该把自己的位置定在目标市场的空当位置,与竞争者成鼎足之势。企业用此策略,必须具备以下条件:
(1)本企业有满足这个市场所需要的货源;
(2)该市场有足够数量的潜在购买者;
(3)企业具有进入该市场的特殊条件和技能;
(4)经营必须赢利。

物流企业可以从如下几个方面考虑市场定位的策略:根据物流服务的属性、特色和价值定位;根据价格和质量定位;根据要求服务的目的和服务范围定位;根据服务类别定位;根据接受服务者的类别定位;与竞争对手相区别,以确定本企业自己的定位。

在进行市场定位时要与竞争者保持有效的差异化:

重要性:该差异化能向相当数量的买主让渡较高价值的利益。
明晰性:该差异化是其他企业所没有的,或者是该公司以一种突出、明晰的方式提供。
优越性:该差异化明显优于通过其他途径而获得相同的利益。
可沟通性:该差异化是可以沟通的,是买主看得见的。
不易模仿性:该差异化是其竞争者难以模仿的。
可接近性:买主有能力购买该差异化。

营利性:公司将通过该差异化获得利润。

(四)物流目标定位错误的几种情况

定位过低:有些公司发现购买者对产品只有一个模糊的印象。

定位过高:买主可能对该产品了解得有限。

定位混乱:顾客可能对产品的印象模糊不清。

定位怀疑:顾客可能发现很难相信该品牌在产品特色、价格或制造商方面的一些有关宣传。

(五)物流目标市场定位策略的执行

市场营销组合是执行市场定位策略的关键所在。

服务产品的开发、设计、组合:可以传递企业的市场定位,如物流中的流通加工。

价格:价格和价格的变动可以改变企业的定位。

促销:促销特别是广告宣传是传递企业定位的有效途径。

人员:通过员工培训可以提升或实现企业新的定位战略。

程序:要关注服务过程中的定位的传达。

客户服务:客户服务可以创造竞争者难以模仿的竞争优势,即在定位之中创造差异性。

活动一:分析市场定位。

【任务目标】

通过本次实训,使学生把市场定位理论运用于营销实践,联系有关项目或资料,具备为某一产品或店铺开发进行市场定位图的设计,并对此设计进行分析的能力。

【任务背景】

某啤酒生产厂想进入当前的啤酒市场,为了占有一定的市场份额,该啤酒生产厂需要在啤酒市场上确定一个明确的、区别于其他竞争者产品的、符合消费者特殊需要的位置。请以"口味苦甜"和"口味浓淡"两个变量组合确定啤酒的平面定位图,如青岛啤酒、百威啤酒、三德利啤酒、嘉士伯啤酒、米勒啤酒等。

【任务要求】

(1)以小组为单位,每组设组长一名,负责组织本组成员进行实训。

(2)以团队小组为单位进行项目的市场调查。

(3)综合市场调查的结果,进行团队讨论,确定消费者对产品的偏好标准和竞争对手的产品定位,并由组长确定具体人员分工。

(4)设计"市场定位图",并进行产品定位分析。

活动二:制定市场定位方案。

【任务目标】

通过本次实训,使学生掌握目标市场定位的理论、方法、技巧,为企业或产品制定合适的定位方案。

【任务背景】

假设你是某房地产公司的营销经理,由于种种原因,公司的楼盘销量直线下降,为了提升销量,企业几乎尝试了所有能想到的方法,但是所有努力都收效甚微。针对你所经营的楼盘,分析研究谁是你的客户,找准你的目标市场,实施市场定位策略并制定市场定位方案书。

【任务要求】

(1)以小组为单位,每组设组长一名,负责组织本组成员进行实训。

(2)列出各组的背景企业想要进入的主要目标市场。

(3)列出目标市场的欲望、需求等特征。

(4)分析各主要目标市场的特征。

(5)明确背景企业在产品、服务、人员、形象等方面与竞争者的差别。

(6)准确选择背景企业的相对竞争优势。

(7)分析背景企业在目标市场中的地位。

(8)根据背景企业在目标市场中的地位,选择市场定位策略。

(9)各项目小组根据背景企业采用的不同定位策略,进一步进行具体策略和方法选择。

项目三
物流市场开发与合同签订

WULIU SHICHANG
KAIFA YU HETONG
 QIANDING

教学目标

最终目标：能进行物流市场开发和合同签订。

促成目标：

(1)掌握物流市场营销组合策略。

(2)掌握物流市场营销产品策略。

(3)掌握物流市场营销价格策略。

(4)掌握物流市场营销渠道策略。

(5)掌握物流市场营销促销策略。

(6)掌握物流市场营销方案设计的方法。

(7)掌握合同签订的技巧。

工作任务

(1)运用物流市场营销组合策略进行物流市场开发。

(2)对物流企业制定产品策略。

(3)对物流企业制定价格策略。

(4)对物流企业制定渠道策略。

(5)对物流企业制定促销策略。

(6)为物流业设计营销方案。

(7)进行物流业务合同谈判及签约。

项目任务书

项目模块	工作任务	课时
模块1　物流市场营销组合策略	任务1　物流企业营销组合策略设计	2
模块2　物流市场营销产品策略	任务1　物流市场营销产品策略分析与应用	2
模块3　物流市场营销价格策略	任务1　物流市场营销价格策略分析与应用	4
模块4　物流市场营销渠道策略	任务1　物流市场营销渠道策略分析与应用	2
模块5　物流市场营销促销策略	任务1　物流市场营销促销策略分析与应用	2
模块6　物流市场营销策划方案设计及合同签订	任务1　物流市场营销策划方案设计	2
	任务2　物流业务合同签订	2

模块1　物流市场营销组合策略

学习目标

(1)了解4PS、4CS主导下不同营销策略的内涵。

(2)掌握物流市场营销组合策略。

为物流企业设计营销组合策略。

任务1 物流企业营销组合策略设计

活动:物流企业营销组合策略设计。

操作步骤:

(1)将班级同学分组,每组设一名负责人。

(2)选择不同类型的物流企业,分析该企业的营销策略。

(3)为该企业设计营销组合策略,探讨是否适用。

(4)根据企业实际情况,设计和规划合适的营销组合策略。

(5)每组总结发言。

(6)在班级展开讨论。

江中药业一体化物流服务营销透视

背景资料:

哈尔滨市邮政局是黑龙江省邮政通信的龙头企业,到2002年已走过了一百年的风雨历程。跨入21世纪,哈尔滨市邮政局努力开拓出一条在管理上与国际标准接轨的、具有哈尔滨邮政特色的发展之路,向现代服务业转型。

2006年7月,哈尔滨市邮政局开发了江中集团的药品仓储集散分拨运输配送一体化业务,由此拉开了江中经销商物流一体化业务发展的帷幕:

(1)扫描市场,锁定目标;

(2)六件武器,出击天下;

(3)塑造细节,提升品质。

启发总结:

(1)摸排市场,重点公关。

(2)积极开展经销商物流业务,提高邮政物流供应链服务能力。

(3)注意与兄弟单位的沟通联系,广泛关注各类经营信息。

(4)以客户为中心,不断提高服务水平。

思考:假如你是哈尔滨邮政局的一名营销专员,根据江中药业的要求,结合4S原则,你认为设计和规划怎样的物流市场营销组合方案和策略,才能使江中药业满意。

一、市场营销组合的基本内容

组合营销（又称整合营销），就是要打破以前的单个产品营销以及以产品为中心的4PS概念，转为 5R 理论（relevance 关联、receptivity 感受、responsive 反应、recognition 回报、relationship 关系），一切以顾客为中心，不要去考虑企业能生产或提供什么样的产品和服务，而是要考虑顾客需要什么样的产品和服务。从这个视角才能对顾客群有整体的关照，并整合各种营销要素，为顾客创造出新的价值。

例如，某物流公司要核算业务收入时发现，有保税仓储服务需求的客户往往也有报关报检服务方面的需求，于是在营销时就同时推出保税仓储服务和报关报检服务，结果取得了这两种类型的业务同时增长的好效果，为客户创造出新的价值。

1. 市场营销组合的概念

市场营销组合就是企业通过市场细分，在选定目标市场以后，将可控的产品、定价、渠道和促销诸策略进行最佳组合，使它们之间互相协调、综合地发挥作用，以期实现企业的市场营销目标（见图3-1）。市场营销组合的概念是由美国哈佛大学尼尔·恩·博登教授于1950年首先提出来的。

图 3-1　市场营销组合图

2. 市场营销组合的内容

1）战术 4PS 理论

1960年美国密歇根大学教授杰罗姆·麦卡锡提出了4PS理论，就是产品（product）、价格（price）、渠道（place）和促销（promotion）。4PS组合及其内部变量如表3-1所示。

表 3-1　4PS 组合及其内部变量

产品策略	价格策略	渠道或地点策略	促销策略
品质 特点 外观 附件 商标 品牌 包装 服务 销售保障	基本价格 价格水平 价格变动幅度 折扣 折让 支付方式 支付期限 信用条件	分销渠道 区域分布 中间商类型 营业场所 公共关系	人员推销 广告 营业推广 公共关系

2)追加 2PS

20世纪70年代,因为服务业迅速发展,传统的组合不能很好地适应服务业的需要,有学者又增加了第5个"P",即"人"(people),又因为包装在包装消费品营销中的重要意义,而使"包装"(packaging)成为第6个"P"。

3)再追加 2PS

1984年,菲利普·科特勒在强调"大营销"时,又提出两个"P",即公共关系(public relations)和政治影响力(political power)。

4)战略 4PS

1986年,当营销战略计划变得更重要的时候,科特勒又提出了战略计划中的"4PS",即研究(probing)、划分(partitioning)、优先(prioritizing)和定位(positioning)。这样营销组合至今已演变成12PS。

5)4CS

20世纪80年代,美国营销理论专家罗伯特·劳特朋向传统的4PS理论发起挑战,提出了著名的4CS理论,它标志着营销观念的又一次彻底变革,概括为4个忘掉:

(1)企业应该忘掉自己原有产品的一切优点,而转向重点研究消费者的需要和欲望,不仅要卖你能或你想制造的产品,而且要卖消费者想要买的产品或服务。

(2)企业应该忘掉自己固有的定价策略、价格战略,而要从消费者满足自己的需要与欲望着想,想他们肯支付或愿意花费的价格。

(3)企业应该忘掉自己固有或现成的营销渠道或途径,而重新营造消费者的购买方便。

(4)企业应该忘掉已有的各种促销手段,而增加与消费者之间的相互沟通,只有相互交流、对话、沟通、理解,才能真正建立起彼此之间的了解,达成真正的交易。

6)4RS

20世纪90年代,美国的舒尔茨提出了4RS理论:relevance,与顾客建立关联,以充分了解客户的需求和需求变化;reflect,提高企业关于客户需求的市场反应速度;relation,与顾客维系紧密的关系,包括为他们建立数据库等,一切以顾客为中心;recognition,营销的最终目的是回报。

二、物流市场营销组合策略的内容及实施

1. 物流企业的营销组合内容

物流企业是服务性企业,它向客户提供的主要是服务,因此,在设计营销组合时应当遵循以下策略。

1)产品策略

产品策略是指与物流企业提供的服务或产品有关的决策。它包括了若干子因素:产品或服务的设计、包装、品牌、组合等。而物流企业应该站在客户的角度去考虑提供什么样的服务,物流服务主要是借助运输工具和信息技术帮助客户实现货物在空间上的位移,不同种类、不同品种和包装的产品以及产品生命周期的不同阶段,都需要给予不同的物流服务。

2)价格策略

价格策略是指企业如何根据客户的需求与成本提供一种合适的价格来吸引客户。它包括了基本价格、价格的折扣与折让、付款方式等。价格优势对企业分享市场和增加利润至关重要。

为此,降低生产成本是一方面,还需合理控制物流费用支出,因为物流费用在成本中占有较大比重。物流企业应该根据客户的需求,合理地对运输工具、路线、运距、费率等进行系统优化,并根据企业针对的目标市场和客户群体,结合客户期望值和竞争者提供的服务水平,制定适当的服务标准和价格水平。

3)分销渠道策略

分销渠道策略是指物流企业如何选择服务或产品从供应商顺利转移到客户的最佳途径。物流服务一般采用直销的方式最多,许多时候也会采用中介机构,常见的有代理、代销、经纪等形式。

4)促销策略

促销策略是指物流企业利用各种媒体向客户传递对自己有利的信息,以引起客户兴趣、提高企业知名度的各种措施,包括广告、人员推销、营业推广、公共关系等各种营销沟通方式。

2. 物流营销策略组合 4C 及其应用

物流营销具有一般产品市场营销的一些特征,然而,由于物流所具有的特点,物流营销组合与有形产品及其他服务产品的营销有着不同的特点,完全以 4PS 理论来指导物流企业营销实践已经不能适应迅速发展的物流市场的要求。20 世纪 80 年代美国的罗伯特·劳特朋提出的 4CS 营销理论更适合目前的物流企业的营销组合策略。4CS 营销理论主要有以下这样几点内容:

1)瞄准物流客户需求(consumption)

物流企业首先要了解、研究、分析消费者的显在需要,而不是先考虑企业能提供什么样的物流服务。现在有许多企业开始大规模兴建自己的物流中心、分中心等,然而一些较成功的物流企业却不愿意过多地把资金和精力放在物流设施的建设上,它们主要致力于对物流市场的分析和开发,争取做到有的放矢。

物流企业还要了解客户的潜在需求,潜在需求指人们模糊、朦胧的需求欲望和意识,它是产品或服务诞生的土壤、物流企业创造市场的源泉,满足客户的潜在需求是物流企业争取与客户签订长期合同、减少客户流失的重要前提。

2)消费者愿意支付的成本(cost)

这就是要求物流企业首先了解物流需求主体为满足物流需要而愿意付出多少钱(成本),而不是先给自己的物流服务定价,即向消费者要多少钱。该策略指出物流的价格与客户的支付意愿密切相关,当客户对物流的支付意愿很低时,即使某物流企业能够为其提供非常实惠但却高于这个支付意愿的物流服务,物流企业与客户之间的物流服务交易也无法实现。因此只有在分析目标客户需求的基础上,为目标客户量体裁衣,实行一套个性化的物流方案才能为客户所接受。

3)消费者的便利性(convenience)

此策略要求物流企业始终从客户的角度出发,考虑能为客户提供何种物流服务,能给客户带来什么样的效益。如资金占用减少、核心工作能力加强,市场竞争能力增强等。只有为物流需求者带来效益和便利,他们才会接受物流企业提供的服务。

4)与消费者沟通(communication)

以客户为中心,实施营销策略,通过互动、沟通等方式,将物流企业的服务与客户的物流需求进行整合,从而把客户和物流企业双方的利益整合在一起,为用户提供一体化、系统化的物流解决方案,建立有机联系,形成互相需求、利益共享的关系,共同发展。在良好的客户服务基础上,物流企业就可以争取到更多的物流市场份额,从而形成一定的物流服务规模,取得规模效益。

从上述的4CS内容可以看出,4CS物流营销组合有着很强的优势。

3. 整合社会资源的物流营销

物流服务的多样性代表了物流企业的营销能力。物流组合服务(logistics complex combined services)是指提供由不同物流服务所构成的服务集合,如计划、供给、装卸、仓库管理、仓储、运输及信息处理等服务功能。任何一个物流企业,无论其规模和能力有多大,服务如何多样化,都无法满足所有客户的全部需求,而只能满足一部分市场的需求。因此,物流企业必须注意整合社会优势物流营销资源,这不仅是指不同企业物流硬件设施的整合,还包括不同企业间各自优势营销策略、手段和技术的整合,实现与它们的优势互补,将目标市场依据一定的标准进行细分,根据自身的条件来选择一部分客户作为目标市场,确定适当的物流组合服务策略,以更好地满足客户的需求,使企业在激烈的市场竞争中得以生存和发展。

模块2　物流市场营销产品策略

(1)了解物流产品的概念、特征与一般有形产品的不同。

(2)了解物流产品的开发过程与思路、产品的生命周期理论、产品包装理论和物流产品的各种策略。

为物流企业设计产品策略。

任务1　物流市场营销产品策略分析与应用

活动一:分析物流企业服务产品。

操作步骤:

(1)将班级每八位同学分成一组,每组确定一人负责。

(2)根据之前对该物流企业的市场定位,为该企业设计服务产品。

(3)每组学生为该公司设计一份服务内容明细表。

(4)教师及其他小组学生共同分析评价其设计内容的完善性和正确性。

活动二:设计物流企业产品营销策略。

操作步骤:

(1)将班级同学分组,每组设一名负责人。

(2)选择不同类型的物流企业,分析该企业的产品。
(3)根据企业实际情况,设计和规划合适的产品策略。
(4)每组总结发言。
(5)在班级展开讨论。

香港裕利集团医药物流案例

裕利集团是一家瑞士公司,在亚洲地区专业从事医药物流,目前该公司总部设在香港,在亚洲已有百年历史,在新加坡、韩国、中国、菲律宾、泰国、马来西亚、越南、印尼、澳大利亚等国家和地区设有药品物流配送中心,并在菲律宾、泰国、越南建有三个加工厂,代理着全世界60多个知名企业产品的委托加工和分销。

裕利集团的医药物流之所以很成功,就是因为集团内部以网络覆盖广、品种全、价格低、配送快和服务好为其追求目标。

网络覆盖广:裕利集团在亚洲11个国家和地区建立了全覆盖的药品物流配送系统,在菲律宾建有1个配送中心、8个分配中心,在马来西亚建立1个配送中心,东马、西马各建了1个分配送中心,在泰国拥有3万个客户,形成了一个全市场覆盖的网络。

品种全:裕利集团在亚洲除本地产品外,原则上实行集中采购,一个配送中心一般有1万个品种规格,特别是西方药品具有很大的优势,如葛兰素、默克、拜尔、史克、强生等世界著名企业的产品,都由裕利集团在亚洲代理分销,并垄断了许多西药品种。

价格低:由于裕利集团网络覆盖广,其销量也大,再加上在亚洲建立了3个委托加工工厂,许多品种实现了总代理垄断经营,因此该集团产品具有很强的价格优势。

配送快:裕利集团的配送基本上全部实行24小时配送,配送的形式灵活多样,有用自己的车队配送,外包给专业货运公司配送,采用摩托车进行接力配送,借助航空公司空运等。总之,选择什么样的配送方式,主要从三个方面来考虑:一是配送快捷,二是配送成本低,三是实行专业化配送。

服务好:裕利集团在每个国家和地区的分销公司都有一个客户服务中心或客户服务部,并在每个服务点设有若干部免费电话,由工作人员不断与客户沟通,从而及时了解产品情况和送货情况,并根据客户的需求和反映提供各种附加增值服务。

裕利集团具有强大的信息技术支撑系统,在亚洲11个国家和地区用的是同一个系统支撑,整个系统通过计算机网络进行管理,总部对各种数据可以追踪、查询,公司的客户管理、销售管理、库存管理、行政管理、财务管理等都通过计算机完成,整个公司的营运督导、反馈都在计算机网络上运行,这为公司提供了科学决策的依据和准确、快速运行的保证,从而提高了公司的经营效益。

物流中心具有准确的货位管理、先进先出管理、保质期管理等。

货位管理是指用计算机管理药品的细化程度,对单品直接管理到货位,什么药品应该放在哪个库的哪个货架的哪个货位,完全由计算机指定,不是靠人也不是靠经验,某种商品放在什么地方不是固定的,而是动态的(由计算机来调控),提高了药品分拣的速度和正确率。

先进先出管理是对不同时间进货的药品实行批号管理,进得早就要出得早,进得晚也出得晚,防止药品因长期存放而过期。

保质期管理是对药品先进先出管理的补充和完善,对快到失效期的药品实行报警,提示管理员尽快处理。

现代物流强化了对供应商的服务,随着信息技术的发展,公司直接通过电子商务平台向供应商订货,供应商也可随时了解自己的产品在裕利集团的销售情况、库存情况、退货情况,可以说裕利集团的业务系统对供应商来说是开放的、透明的,供应商可以根据裕利集团的数据反应做出科学的决策,使供应商合理地安排生产,调整经营方针。

问题:请结合物流产品的含义分析案例中所包含的不同产品形式,该五种产品形式还是否有不完善的地方,如果有,请加以提升。

剖析:

案例中所包含的不同产品形式:

裕利集团根据顾客的需要,为客户提供:

(1)核心产品——为货主提供符合其需要的位移包括运输与配送;

(2)形式产品——现代化的物流信息系统、完善的配送中心与加工中心、各种各样的其他物流设施、系统的物流网络等;

(3)期望产品——24小时专业化配送,配送的形式灵活多样,这些都是客户的期望;

(4)附加产品——配送在每个国家和地区的分销公司都有一个客户服务中心或客户服务部,并在每个服务点设有若干部免费电话,由工作人员不停地与客户沟通,从而及时了解产品情况和送货情况,并根据客户的需求和反映提供各种附加增值服务;

(5)潜在产品——无。

五种产品形式中不够完善的地方是:

(1)核心产品中应该提炼出一句经典的广告语便于在任何场合通过各种形式向顾客传递;

(2)形式产品应该强化服务的标准化程序与制度的规范性提炼;

(3)期望产品增加配送服务的"响应时间";

(4)附加产品应该针对不同重要程度的顾客提供不同规格级别的优惠服务项目;

(5)潜在产品要长期动态监测客户需求的变化,做出精确预测,这里是一个缺陷。

一、物流营销产品策略

(一)物流产品的基本概念

在有形产品的市场营销过程中,产品的概念比较容易把握,因为产品是实实在在的、有形的实体,其大小、款式、功能等都由企业事先设计好了,客户所购买到的也正是企业所提供的。而物流产品的情形则有着很大的不同。由于物流产品大都是无形的、不可感知的,客户购买服务的过程实质上是感知服务的过程。物流产品具有明显的服务的特点。产品五层次图如图3-2所示。

核心产品:顾客购买某种产品时所追求的利益,是顾客真正要买的东西,是产品可以给消费者带来的核心价值。

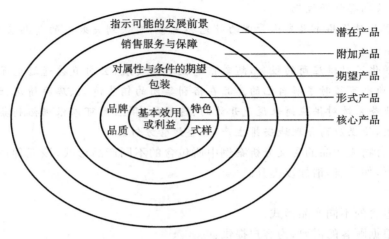

图 3-2　产品五层次图

形式产品：核心产品的载体，即向市场提供的实体和服务形象。具体又包括五个方面的内容：产品品质、产品特色、产品式样、产品品牌、产品包装。

期望产品：顾客在购买该产品时期望得到的与产品密切相关的一整套属性和条件。

附加产品：顾客购买形式产品和期望产品时，附带获得的各种利益的总和，如提供信贷、电话订货、免费送货、咨询服务、安装、三包等。

潜在产品：产品最终可能会实现的全部附加利益和可能的演变。

以东方物流公司为例，进行产品五要素分析（见表 3-2）。

表 3-2　物流企业产品形式表

物流产品形式	物流产品内容	示　　例	备　　注
物流核心产品	每项服务产品的实际功能、给客户带来的实际利益和价值，是客户真正需要的东西	运输核心产品——正确的点位移效益； 仓储核心产品——保质和时间效益； 装卸和搬运——位移效益； 配送——位移效益； 流通加工——增值和增效效益； 信息服务——决策支持和导向效益	核心产品的开发是一切物流服务产品开发的基础和关键
物流形式产品	核心产品的外在表现形式、表现手段和实现途径	(1)具体的物流活动以及每项活动从开始到结束的过程表现； (2)实现物流功能所必需的设施、装备、工具和人力表现等； (3)物流服务产品的包装形式主要是有形包装和无形包装，如服务规范性等； (4)物流服务品牌	
物流附加产品	物流客户在购买和享受物流服务中所获得的额外服务和利益	提供信贷、电话订货、免费送货、技术培训、咨询服务、安装或"三包"服务承诺、报关、报检、物流网络规划、SCM 咨询等	

续表

物流产品形式	物流产品内容	示 例	备 注
物流期望产品	为确保核心功能的正确性而对其施加的具体规范和进一步限定	如准确性、及时性、安全性、可得性、便利性、经济性等	物流期望产品使物流核心产品更加具体、明确和丰富

(二)物流产品组合

1. 物流产品组合的概念

物流产品组合是将各个独立的或单一的物流活动或产品形式进行有效的捆绑和组合,使之新生出其他不同形式的产品或服务的过程。如:

(1)运输＋仓储＋配送。

(2)仓储＋流通加工＋配送。

从图3-3可以看出,产品组合为4个系列产品,系列1、2各有3个产品项目,系列3、4各有4个产品项目,共有产品项目14个,即产品组合宽度为4个,产品组合深度为14个,平均深度为14/4＝3.5个。例如,中远集团的产品线有:美洲航线——产品项目数为1;欧洲航线——产品项目数为2;大西洋航线——产品项目数为2;澳大利亚、新西兰航线——产品项目数为4;南非南美航线——产品项目数为1;波斯湾航线——产品项目数为2;东南亚航线——产品项目数为2;日本航线——产品项目数为12;韩国航线——产品项目数为8。这表明中远集团的产品组合宽度为9个,产品组合深度为34个,平均深度为3.8个。

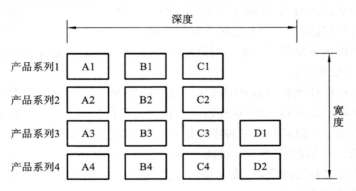

图3-3 物流企业产品组合图

物流作为一个新兴的行业,面临着众多的挑战和机遇,物流产品的开发不一定要循规蹈矩,可以根据自己的预测和判断,开发一些较为超前的服务项目以唤起客户的兴趣和增加对物流企业的吸引力。那么如何根据客户的潜在需求以科学的市场预测手段及时和超前地开发出物流潜在产品引导市场营销呢?

2. 物流产品组合的策略

1)扩大产品组合策略

(1)在维持原有的质量和价格的前提下,增加同一产品的款式和规格。

(2)增加不同质量与不同价格的同类产品。
(3)增加相互关联的产品。
(4)增加与现有产品使用同一材料或相同生产技术的其他产品。
(5)增加可获得较高利润而与现有产品完全无关的产品。

2)缩减产品组合策略

(1)保持原有产品宽度和深度,即不增加产品线和产品项目,只增加产量,降低成本。
(2)缩减产品线,即企业根据自身特长和市场的特殊需要,只生产经营某一个或几个产品线。
(3)缩减产品项目,即在一个产品线内取消一些利润较低的产品,尽量生产利润较高的少数产品。

3)产品延伸策略

(1)向下延伸,即企业原来生产高档产品,后来决定增加中、低档产品。
(2)向上延伸,即企业原来生产低档产品,后来决定增加中、高档产品。
(3)双向延伸,即企业产品原定位于中档产品市场,当其掌握了市场优势以后,决定向产品线的上、下两个方面延伸。一方面增加高档产品,另一方面增加低档产品,扩大市场范围。

(三)物流新产品的含义和种类

市场营销学中的新产品不同于一般意义上的新产品,它是一个相对的概念,它不一定是最新发明的产品,是相对于企业而言的新产品。市场营销学上的新产品可定义为:企业向市场提供的本企业从未生产经营过的产品。

对于物流产品来讲,顾客购买的并不是物流服务本身,关注的是物流服务完成后能给自己带来什么,即有形的物流服务能给自己带来什么样的功能、价值和利益,至于你用什么样的运输工具和运输方式来组织运输并不重要。所以这给物流企业的新产品开发提供了很大的空间和创新余地,也提供了好的思路。

物流企业应该在保证顾客所需要的既定功能不降低的前提下,通过分析和比较寻找更加有效的方法和途径来降低成本和支出,这样既可以把部分利益让给客户,又可以提高企业的利润。

用户需要的功能是可以满足其某种需要的必要功能,不能满足其需要的功能在他看来是不必要或多余的功能。产品的性能——功能实现的程度;可靠性——功能实现的持续性;保养性——功能发生故障时修复的程度;安全性——实现功能时的安全程度;操作性——实现功能时人们使用或装置的难易程度。

(四)物流新产品开发

1.新产品开发程序

1)新产品构思

(1)要非常奇特,创造性的思维,就需要有点异想天开。
(2)构思要尽可能可行,包括技术和经济上的可行性。

2)新产品筛选

(1)不能把有开发前途的产品设想放弃了,以免失去成功的机会。
(2)不能误选没有开发价值的产品设想,以免仓促投产,招致失败。

2. 新产品开发策略
(1)研制新产品、抢占市场制高点策略。
(2)迟人半步的仿制策略。
(3)改进原产品的差异化策略。
(4)独立开发策略。
(5)借船出海策略。
(6)委托加工策略。
(7)随手拈来策略。
(8)以物易物策略。

3. 物流增值服务项目或产品的开发
(1)以运输和仓储为基础的服务称为基本服务项目或产品,目前 TPL 企业中以基本服务获得的收益占总收益的 85%,而以增值服务项目获得的收益仅占 15%。
(2)使用 TPL 服务的企业多数为外资企业,如中海公司的客户有 IBM、美能达、诺基亚、三洋、东芝、三星、华为、联想等公司。
(3)物流产品的开发停留在一个简单的层面和层次上,没有分支和延伸,使多数客户不敢恭维。
(4)增值服务包括货物拼拆箱、重新贴标签、重新包装、产品退货管理、服务中的零配件物流、产品测试和维修、产品代理、市场开拓、网点规划和建设、业务结算、分销、市调、信息收集、信息系统共享、物流审计、物流培训和 SCM 咨询等。如上海有一家物流企业,专门为立邦漆服务,只有几个基色的油漆送到配送中心后,企业按照门店的需求进行即时配制调色,后再配送到需求点,这一过程就是增值服务。
(5)TPL 公司低层次运作,既无规范又无标准,也没有承诺,信息系统几乎为零,更无必要、及时的信息反馈,难以提供系统化的物流解决方案。
(6)TPL 公司的核心竞争力就是为用户提供别人无法复制的增值服务。
(7)通过产品的创新和超前开发,刺激消费和需求。

(五)保障新产品开发成功的措施
首先,必须进行细致、周密的市场调查,考查清楚市场对此新产品的需求,使该产品上市时能够被投入事先界定好的目标市场。
其次,开发时需要有安全、可靠的组织保证。

(六)新产品开发时应注意的问题
(1)以功能为中心制订产品开发计划。
(2)最大限度地降低产品总成本。
(3)形成新产品开发的良性循环。
(4)开展创造性思维。

(七)物流产品市场生命周期
1. 产品市场生命周期概念
产品市场生命周期是指一种产品从投入市场开始到退出市场为止所经历的全部时间。它是指产品的经济寿命,即在市场上销售的时间,而不是产品的使用寿命。产品生命周期一般以产品销量和利润的变化为标志分为四个阶段:导入期、成长期、成熟期、衰退期(见图3-4)。

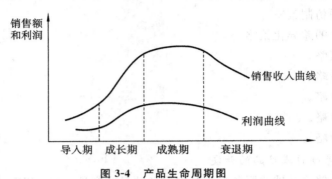

图3-4 产品生命周期图

2. 产品生命周期各阶段的营销策略

由于产品生命周期各阶段的特点不同,企业在各阶段做出的经营决策的内容也不同。

1)导入期营销策略

这一阶段新产品刚投入市场销售,由于销售量少而且销售费用高,企业往往无利可图或者获利甚微,企业的营销重点主要集中在"促销-价格"策略方面(见图3-5)。

	促销水平	
	高	低
价格水平 高	快速撇脂策略	缓慢撇脂策略
价格水平 低	快速渗透策略	缓慢渗透策略

图3-5 导入期营销策略组合

(1)快速撇脂策略。

快速撇脂策略即以"高价格-高促销费用"策略推出新产品,迅速扩大销售量来加速对市场的渗透,以图在竞争者还没有反应过来时,先声夺人,把本钱捞回来。

采用这一策略的市场条件是:绝大部分的消费者还没有意识到该产品的潜在市场;顾客了解该产品后愿意支付高价;产品十分新颖,具有老产品所不具备的特色;企业面临着潜在竞争。

(2)缓慢撇脂策略。

缓慢撇脂策略即以"高价格-低促销费用"策略推出新产品,高价可以迅速收回成本撇取最大利润,低促销费用又是减少营销成本的保证。高档进口化妆品大都采取这样的策略。

采用这一策略的市场条件是:市场规模有限;消费者大多已知晓这种产品;购买者愿意支付高价;市场竞争威胁不大。

(3)快速渗透策略。

快速渗透策略即以"低价格-高促销费用"策略,花费大量的广告费,以低价格争取更多消费者的认可,获取最大的市场份额。

采取这一策略的市场条件是:市场规模大;消费者对该产品知晓甚少;大多数购买者对价格敏感;竞争对手多,且市场竞争激烈。

(4)缓慢渗透策略。

缓慢渗透策略即以"低价格-低促销费用"策略降低营销成本,并有效地阻止竞争对手介入。

采取这一策略的市场条件是:市场容量大;市场上该产品的知名度较高;市场对该产品价格相对敏感;有相当的竞争对手。

2)成长期营销策略

成长期的主要标志是销售迅速增长。这是因为,已有越来越多的消费者喜欢这种产品,大批量生产能力已形成,分销渠道也已疏通,新的竞争者开始进入,但还未形成有力的对手。在这一阶段企业营销应尽力发展销售能力,紧紧把握取得较大成就的机会。

(1)改进产品质量和增加产品特色。

在产品成长期,企业要对产品的质量、性能、式样、包装等方面努力加以改进,以对抗竞争产品。

(2)开辟新市场。

通过市场细分寻找新的目标市场,以扩大销售额。在新市场要着力建立新的分销网络,扩大销售网点,并建立好经销制度。

(3)改变广告内容。

随着产品市场逐步被打开,该类产品已被市场接受,同类产品的各种品牌都开始走俏。此时,企业广告的侧重点要突出品牌,力争把上升的市场需求集中到本企业的品牌上来。

(4)适当降价。

在扩大生产规模、降低生产成本的基础上,选择适当时机降价,适应多数消费者的承受力,并限制竞争者加入。

3)成熟期营销策略

成熟期的主要特征是"二大一长",即在这一阶段产品生产量大、销售量大,阶段持续时间长。同时,此时市场竞争异常激烈。为此,企业要防止消极防御,采取积极进攻的策略。

(1)市场改进策略。

通过扩大顾客队伍和提高单个顾客使用率,来提高销售量。例如,强生婴儿润肤露是专为婴儿设计的,而如今"宝宝用好,您用也好"的宣传,使该产品的目标市场扩展到了成年人,从而扩大了目标市场范围,进入了新的细分市场。

(2)产品改进策略。

通过改进现行产品的特性,以吸引新用户或增加新用户使用量。如吉列剃须刀从"安全剃须刀""不锈钢剃须刀"到"双层剃须刀""三层剃须刀",不断改进产品,使其生命周期得以不断延长。

(3)营销组合改进策略。

通过改变营销组织中各要素的先后次序和轻重缓急,来延长产品成熟期。

4)衰退期营销策略

产品进入衰退期,销售量每况愈下;消费者已在期待新产品的出现或已转向;有些竞争者已退出市场,留下来的企业可能会减少产品的附带服务;企业经常调低价格,处理存货,不仅利润下降,而且有损企业声誉。因此,衰退期的营销策略有以下内容。

(1)收缩策略。

收缩策略即把企业的资源集中使用在最有利的细分市场、最有效的销售渠道和最易销售的品种上,力争在最有利的局部市场赢得尽可能多的利润。

(2)榨取策略。

大幅度降低销售费用,也降低价格,以尽可能增加眼前利润。这是由于再继续经营市场下降趋势已明确的产品,大多得不偿失,而且不下决心淘汰疲软产品,还会延误寻找替代产品的工作,使产品组合失去平衡,削弱企业在未来的根基。

3.延长产品市场生命周期的方法

(1)加大促销力度,促使消费者增加使用频率,扩大购买。

(2)对产品进行改进。

(3)开拓新市场,拓展顾客群。

(4)开拓产品新的使用领域。

二、品牌与品牌策略

(一)品牌及品牌相关概念

1.品牌和品牌的构成

美国市场营销学会对品牌的定义是:品牌是一种名称、术语、标记、符号或设计,或是它们的组合运用,其目的是借以识别一个销售者或一群销售者的产品或服务,并使其区别于其他竞争对手的产品或服务。

品牌由品牌名称和品牌标志两部分构成。

品牌名称是指品牌中可以用语言称呼的部分。

品牌标志是指品牌中可以识别,但不能用语言称呼的部分,表现为符号、图像、图案等。

2.品牌与名牌

名牌并无准确的概念,但名牌一定是有一定知名度和美誉度的品牌,名牌代表着优良品质,但名牌并不代表高价位,它可以是高质高价、高质中价甚至高质低价。

另外,名牌是有时效性的。

3.品牌与商标

品牌英文名 brand,商标是 trade mark,两者是完全不同的概念。

商标的概念。商标是产品文字名称、图案记号,或两者相结合的一种设计,经向有关部门注册登记后,经批准享有其专用权的标志。

商标与品牌。商标与品牌既有联系又有区别,其联系主要表现为,它们都是无形资产,都具有一定的专有性,其目的都是为了区别于竞争者,有助于消费者识别。

一个品牌可以传递六个方面的含义:

(1)属性。一个品牌首先给消费者的是关于该品牌产品或服务的特定属性,如上海通用汽车公司生产的别克轿车所表现的是高贵、优良制造、工艺精湛、耐用、高声誉等属性。

(2)利益。品牌中所蕴含的属性可以转化为功能和利益,而后者正是消费者所期待的。

(3)价值。品牌还蕴藏着供应商的某些价值观。

(4)个性。品牌代表了一定的个性,从而使该品牌区别于其他品牌或主要的竞争者。

(5)使用者。品牌还可以体现出它所代表的是属于哪一类消费者或特定的目标市场的消费者。

(6)文化。品牌凝铸了一个企业的企业文化。

(二)物流企业品牌策略

(1)同一品牌策略,是指企业生产的一切产品均使用同一种品牌进入市场。

(2)个别品牌策略,是指企业按照产品的品种、用途和质量,分别采用不同的品牌。

(3)品牌扩张策略,是指企业利用已经成功的品牌推出新产品或改良产品。

(4)更换品牌策略,是指企业更换原有的品牌而采用新品牌。

(5)中间商品牌策略,是指在市场销售者的品牌下进行市场营销,即中间商将制造商的产品购买进来后,再使用自己的品牌将产品转卖出去。

(6)借用品牌策略,是指企业生产的产品不使用自己的品牌,而是借用别人的知名品牌进行销售。

(7)无品牌策略,是指在某些特殊情况下,企业不注册,也不使用品牌或商标营销,而只注明企业名称、生产地等信息。

(三)物流企业品牌命名决策

(1)人物命名。

(2)企业理念命名。把物流企业的服务理念浓缩在企业的品牌中,如青岛交运集团所注册的服务品牌"交的是朋友,运的是真情"。

(3)寓意命名,如辽宁锦程物流、日本大和运输、青岛瑞源物流公司等。"五联"含义是"五湖四海、联为一体",象征着物流将世界范围内的货物联系在一起。

(4)数字命名,如"56"物流公司。

(5)动物命名。以动物名称或标识进行品牌命名,如将袋鼠、黑猫等动物作为企业标识的一部分加以注册保护。

(6)业务性质命名,如中储、中邮、中海、中包等物流企业从企业的品牌命名中可以反映出企业的经营范围和重点。

(7)翻译命名,如将英文"Fast"翻译过来将企业的品牌命名为"发 S 腾","S"代表企业的理念是"5S"。

(8)英文命名,如 EMS 邮政特快专递。

(四)物流企业产品的市场生命周期与市场营销策略

物流产品的市场生命周期与市场营销策略对照表如表3-3所示。

表3-3 物流产品的市场生命周期与市场营销策略对照表

阶 段	投 入 期	成 长 期	成 熟 期	衰 退 期
促销策略	告知和解析性的新产品新鲜传递	突出宣传与对手在核心产品和利益上的不同	品牌传播	与对手建立和谐关系
营销渠道策略	自建网络和办事处,直销	寻求代理,提供支持	维护与各级代理的良好关系	让最终客户更方便地获得
价格策略	高	参照对手	中等并让利代理商	低并极大让利于最终客户,留住客户

续表

阶 段	投 入 期	成 长 期	成 熟 期	衰 退 期
产品策略	基本核心产品，突出核心功能	改进完善产品，特别注重形式产品的配套	多变产品，并适当开发新产品以及潜在产品	注重附加产品的开发
营销总体策略	市场扩张	市场渗透	维持占有率	用新产品替代原产品占领旧市场，满足老客户
竞争程度	没有	很少	很高	较少
成本	很高	中等	中等/高	低
利润	少/中等	高	中等/高	低
管理风格	重视远景	重视策略	重视经营	重视成本

1. 请您对仓储企业的仓储产品做一个特性分析：
(1)核心特征：可以提供存放货物的场所。
(2)产品质量：仓库位置情况、交通便利性、仓库建设条件、仓库配置情况、库内地面情况、高度、有无电梯等。
(3)产品附加值：能否提供其他增值服务，如贴标签、打托盘、包装、分拣、理货等。
(4)产品服务：仓库人员服务作息时间，有无CCTV监控，仓管人员工作态度等。
(5)多种服务：是否还有配套服务如配送、短驳运输、装卸搬运等。
2. 手表、机械手表与"上海"牌机械表，请问谁的生命更长？
产品种类(category)具有最长的生命周期。许多产品种类无限期地处于成熟阶段，这是因为它们与人口增减高度相关。有些主要的产品种类——雪茄、报纸、咖啡，似乎已经进入产品生命周期的衰退阶段。而另一些种类——传真机、移动电话，明显已进入成长阶段。
产品形式(form)比产品种类更能准确地体现标准的产品生命周期的历史。例如：手动打字机经历了产品生命周期的导入期、成长期、成熟期和衰退期；而当前的电动打字机和电子打字机正在重演被取代的类似历史。
一种具体产品(product)或者遵循标准的产品生命周期形式，或者表现为其他形式。
品牌产品(brand product)显示或短或长的产品生命周期。有些新品牌刚上市不久就消失了，而有些老牌品牌仍然经久不衰，如同仁堂。
3. 请找来一些比较知名的物流公司的品牌标志并与大家交流。

模块 3　物流市场营销价格策略

学习目标

(1) 了解物流价格策略的概念。
(2) 了解影响物流产品定价的因素。
(3) 熟悉物流产品定价的一般程序。
(4) 掌握定价方法与技巧。
(5) 掌握定价策略。

工作任务

(1) 分析物流企业价格策略。
(2) 设计物流业报价单。

任务 1　物流市场营销价格策略分析与应用

领任务

活动一:分析物流企业价格策略。
操作步骤:
(1) 将班级同学分成八人一组,每组确定一名负责人。
(2) 每组选定一家物流企业(之前已做过物流市场细分的企业)。
(3) 分析该物流企业的定价策略。
(4) 课堂讨论,分析合理性。
活动二:为物流企业进行报价单设计。
操作步骤:
(1) 将班级同学分成八人一组,每组确定一名负责人。
(2) 每组选定一家物流企业(之前已做过物流市场细分的企业)。
(3) 为该物流企业进行报价单设计。
(4) 每组学生递交一份报价单。
(5) 课堂评讲,分析各组报价单的合理性。

案例分析

某物流公司的业务报价单如图 3-6 所示。
请问:(1) 该业务是哪种物流业务的报价单?
(2) 不同种物流业务报价时应包括哪些作业项目?如何报价?

仓储物流费用 (storage)	掏箱费	元/箱 per container	￥350.00	20′小箱
		元/箱 per container	￥550.00	40′大箱
	进出仓理货费	元/托 per pallet	￥12.00	非标准托盘具体商议
		元/托 per pallet	￥10.00	
	仓储费	元/(天·平方米)	￥1.20	1500平方米以上，平面库价格
	短驳费	元/厢车 per truck	￥350.00	5吨厢车新区内短驳
	分拣	元/箱 per carton	￥5.00	具体价格视货物操作复杂情况而定
	打托	元/托 per pallet	￥10.00	不包括包装材料
	公共设施使用费	元/月 per month	￥1000.00	通道、装卸平台、理货区等公共设施使用费
	管理费	元/月 per month	￥1000.00	

报价人：　　　　　　　　　　　　　联系方式：
报价日期：　　　　　　　　　　　　备注：

图3-6　某物流公司的业务报价单

读一读

休布雷公司在美国伏特加酒的市场上，属于营销出色的公司，其生产的史密诺夫酒，在伏特加酒的市场占有率达23％。20世纪60年代，另一家公司推出一种新型伏特加酒，其质量不比史密诺夫酒低，每瓶价格却比它低1美元。

按照惯例，休布雷公司有3条对策可选择：

（1）降价1美元，以保住市场占有率；

（2）维持原价，通过增加广告费用和推销支出来与对手竞争；

（3）维持原价，听任其市场占有率降低。

由此看出，不论该公司采取上述哪种策略，休布雷公司都处于市场的被动地位。但是，该公司的市场营销人员经过深思熟虑后，却采取了对方意想不到的第4种策略。那就是，将史密诺夫酒的价格再提高1美元，同时推出一种与竞争对手新伏特加酒价格一样的瑞色加酒和另一种价格更低的波波酒。

这一策略，一方面提高了史密诺夫酒的地位，同时使竞争对手的新产品沦为一种普通的品牌。结果，休布雷公司不仅渡过了难关，而且利润大增。实际上，休布雷公司的上述3种产品的味道和成分几乎相同，只是该公司懂得以不同的价格来销售相同的产品的策略而已。

一、影响物流产品定价的主要因素

(一)营销目标

在定价之前,企业必须对产品总战略做出决策。如果企业已经审慎地选择好目标市场和市场价格定位,那么确定营销组合战略(包括价格)便是一件相当容易的事了。企业对它的目标越清楚,就越容易制定价格。一般的物流企业目标是生存、现期利润最大化、市场份额领导和产品服务质量领导。

(二)营销组合战略

营销人员在定价时必须考虑到整个营销组合。如果产品是根据非价格因素来定位的,那么有关质量、促销和销售的决策就会极大地影响价格。如果价格是一个重要的定位因素,那么价格就会极大地影响其他营销组合因素的决策。但是,即使产品以价格为特色,营销人员也需要牢记,顾客很少只依据价格就做出购买决定。

(三)成本因素

1. 按物流范围划分

物流费用可分为供应物流费用、生产物流费用、企业内部物流费用、销售物流费用、退货物流费用和废弃物流费用等六种类型。

2. 按支付形式划分

物流费用可分为材料费、人工费、公益费、维护费、一般经费、特别经费和委托物流费用等。

3. 按物流的功能划分

物流费用可分为运输费、保管费、包装费、装卸费、信息费和物流管理费等。

(四)竞争因素

市场竞争状况直接影响着物流企业的定价策略。在服务差异性较小、市场竞争激烈的情况下,企业制定价格的自主性也相应缩小。物流企业应积极了解竞争者的服务质量和服务价格,并将这些信息作为制定自己服务价格的基点。在市场上,除了从竞争对手那里获得价格信息外,还要了解他们的成本状况,这有助于企业分析评价竞争对手在价格方面的竞争能力。向竞争对手全面学习,是一个物流企业在竞争中得以生存的最好策略。

(五)需求价格弹性

需求价格弹性是指商品价格变动所引起的需求量变动的比率,它反映了商品需求量变动对其价格变动反应的敏感程度。不同商品需求量变动对价格变动反应的敏感程度不同,需求价格弹性就不同,一般用需求价格弹性系数来表示其弹性的大小,以 E_d 来表示,Q 代表需求量,ΔQ 代表需求量的变动量,P 代表价格,ΔP 代表价格的变动量,则需求价格弹性系数可用下列公式表示:

$$E_d = (\Delta Q/Q)/(\Delta P/P)$$

二、物流产品定价的目标

(1)维持企业生存发展。

(2)实现企业利润最大化。
(3)扩大市场占有率。
(4)提高产品与服务质量。
(5)获取投资利润。

三、物流产品定价的意义

(1)价格是企业收入和利润的源泉。
(2)价格是获得最大客户剩余的关键。

四、物流产品定价的方法

(一)成本导向定价法

成本导向定价法,是指企业依据提供物流服务的成本决定物流的价格。这里所讲的成本,指产品的总成本,包括固定成本和变动成本两部分。

1. 成本加成定价法

这是成本导向定价法中应用得最广泛的定价方法。所谓成本加成,就是在单位成本上附加一定的加成金额作为企业赢利的定价方法。

2. 目标利润率定价法

这是根据企业所要实现的目标利润来定价的一种方法。成本加成定价法是以产品成本为出发点来制定产品价格的,而目标利润率定价法的要点是使产品的售价能保证企业达到预期的目标利润率。企业根据总成本和估计的总销售量,确定期望达到的目标收益率,然后推算价格。目标利润率定价法的基本公式为:

$$单位产品价格=(固定成本+可变成本+目标利润)/预计销量$$

(二)需求导向定价法

需求导向定价法是指按照顾客对商品的认知和需求程度制定价格,而不是根据卖方的成本定价。这类定价方法的出发点是顾客需求,认为企业生产产品就是为了满足顾客的需要,所以产品的价格应以顾客对商品价值的理解为依据来制定。

1. 理解价值定价法

理解价值定价法,即企业根据消费者对商品或劳务价值的认识而不是根据其成本来制定价格的定价方法。

2. 区分需求定价法

区分需求定价法,就是企业在不同季节、不同时间、不同地区,针对不同供应商的适时变化情况,对价格进行修改和调整的定价方法。

3. 习惯定价法

习惯定价法是企业依照长期被客户接受的价格来定价的一种方法,又称便利定价法。

(三)竞争导向定价法

这种定价方法主要有3方面特点:价格与商品成本和需求不发生直接关系;商品成本或市场需求变化了,但竞争者的价格未变,就应维持原价;成本或需求都没有变动,但竞争者的价格变动了,则相应地调整其商品价格。

1. 随行就市定价法

随行就市定价法是指企业某产品价格保持在市场平均价格水平上,利用这样的价格来获得平均报酬。随行就市定价法是一种防御性的定价方法。

2. 产品差别定价法

产品差别定价法是指企业通过不同的营销努力,使同种同质的产品在消费者心目中树立起不同的产品形象,进而根据自身特点,选取低于或高于竞争者的价格作为本企业产品价格。产品差别定价法是一种进攻性的定价方法。

3. 投标定价法

这种方法一般是由买方公开招标,卖方竞争投标,密封递价,买方按物美价廉原则择优选取,到期当众开标,中标者与卖方签约成交。这种方法往往是在买方市场(即产品供大于求的市场)中,由买方掌握主动权来运用。运用此种方法和拍卖定价法时,企业对产品的定价权实际上在某种程度上转移到了买方。

营销学鼻祖菲利普·科特勒在其营销宝典——《营销管理》一书中谈到价格策略时,第一句话便是:"没有降价2分钱不能抵消的品牌忠诚度。"也就是说,只要降价2分钱,你就可以将原属于竞争对手看似忠诚的顾客给争取过来。当前,由于产品的同质化程度越来越高,消费者在购买商品时将越来越多地将目光转向价格。

模块4　物流市场营销渠道策略

学习目标

(1)了解物流企业分销渠道的基本模式及渠道变化。
(2)了解影响物流企业渠道选择的一般因素。
(3)掌握物流企业不同的渠道策略和模式选择。

工作任务

(1)分析物流业务营销渠道策略。
(2)为不同的物流企业设计营销渠道策略。

任务1　物流市场营销渠道策略分析与应用

活动一:分析物流企业的营销渠道。

操作步骤：
(1)将班级同学分成八人一组,每组确定一名负责人。
(2)每组选定一家物流企业(之前已做过物流市场细分的企业)。
(3)分析该企业的营销渠道。
(4)每组学生阐述分析结果,课堂讨论评讲其合理性和可行性。
活动二:为物流企业进行营销渠道设计。
操作步骤：
(1)将班级同学分成八人一组,每组确定一名负责人。
(2)每组选定一家物流企业(之前已做过物流市场细分的企业)。
(3)为该企业进行营销渠道设计。
(4)每组学生阐述设计思路,教师分析其设计的正确性和可行性。

Nike 的选择分销

Nike 在六种不同类型的商店中销售其生产的运动鞋和运动衣：
(1)体育用品专卖店,如高尔夫职业选手用品商店。
(2)大众体育用品商店,供应许多不同样式的耐克产品。
(3)百货商店,集中销售最新样式的耐克产品。
(4)大型综合商场,仅销售折扣款式。
(5)耐克产品零售商店,设在大城市中的耐克城,供应耐克的全部产品,重点是销售最新款式。
(6)工厂的门市零售店,销售的大部分是二手货和存货。
请分析:耐克是怎样进行分销的?

一、物流分销渠道的含义

物流分销渠道实际是将物品从接收地向目的地所进行的有效转移。物流企业的分销渠道主要包括运输企业、货主、仓库、货运场站以及各种中间商和代理商等。其起点是物流企业,终点是货主,中间环节包括为完成物流活动而进行货源组织的各种中间商,包括:作为一级独立经营组织的车站、码头、机场等场站组织,航运代理、货运代理、航空代理、船务代理以及受物流公司委托的揽货点等代理商,铁路、公路、水路航空运输公司等联运公司等。需要说明的是,物品在从起点向终点转移过程中所经过的具有独立经营资格或属于独立经营组织的各个节点基本上可以称为物流分销渠道的一个层次。

二、物流分销渠道的功能

物流分销渠道的功能包括:市场研究,服务项目推广,潜在客户探究和接触,显在客户配合、服务和支持,财务融通,风险转嫁,实体配送,合作、合资对象。

三、物流分销渠道的模式

1. 零层分销渠道

零层分销渠道又叫作直接市场营销渠道,是指物流或服务产品从物流商向客户的转移过程中不经过任何中间商转手的市场营销渠道,其主要方式有物流企业的业务员上门推销、产品目录邮寄销售、电视直销、网上直销和物流商自建办事处等。如船公司撇开船代公司自己设立密集网点或派自己的业务人员上门到企业揽货订舱的营销方式。

2. 一层渠道

一层渠道是指只包括一种类型的中间商,在物流市场上通常是指一级货代,在产品市场上则可能是代理商或经纪人,而在零售市场上则可能是零售商。

3. 二层渠道

二层渠道是指包括两类中间商,在物流市场上物流产品或服务项目需要经过一、二、三级货代公司实现物流服务项目的转移、推广和运营,在消费品市场上通常指批发商和零售商,在产业市场上通常是指代理商和批发商。

4. 三层渠道

三层渠道是包括三种类型的中间商,在物流市场上可能表现为物流配送的产品要经过三级不同级别的物流配送中心将产品配送到物流的终端网络中,在消费品市场上通常有一专业批发商处于大批发商与零售商之间,即专业批发商向大批发商进货,再卖给无法直接从大批发商进货的小零售商,或是制造商通过代理商将产品批给批发商和零售商。

5. 更高层次的市场分销渠道

渠道层次越多,可能越难控制。

四、物流分销渠道的选择

1. 物流分销渠道的分类

(1)直接渠道与间接渠道。

(2)长渠道与短渠道。

(3)宽渠道与窄渠道。

2. 物流分销渠道策略

1)直接销售与间接销售的选择

假如物流企业供应能力大、产品或服务项目销售面广、客户分散,企业都没有能力将产品送到每一个顾客手中,这时只能选择间接销售渠道。

而对物流企业而言,涉及企业的核心物流业务或技术复杂的物流服务,如物流网络规划或物流信息系统建设以及特种品物流或者危险品等的物流问题,就可以采用直接渠道或少环节渠道模式。

2)分销渠道长度的选择

越短的分销渠道,物流商承担的销售任务就越多,信息传递越快,销售越及时,就越能有效地控制渠道。越长的分销渠道,中间商就越要承担大部分销售渠道职能,信息传递就越慢,流通时间越长,物流商对渠道的控制就越弱。物流商在决定分销渠道长短时,应综合分析自己产品或服务的特点、服务的技术含量、中间商的特点以及竞争者的特点等。

3）分销渠道宽度的选择

（1）广泛分销策略。

广泛分销策略是指物流商广泛地利用大量的中间商经销自己的物流产品或服务项目。如快递业通过在一个地区设立多家代理商的方式或利用现成的其他零售网点等作为揽货点开展广泛分销。其优点是物流商可以充分利用不同代理点的资源和能力开展拉网式营销，可以揽到更多货源。

但是，采用这种策略时，物流商要与众多中间商发生业务关系，而中间商往往同时经销其他众多物流商的同类产品，使得物流商难以控制分销渠道。

（2）选择性分销策略。

选择性分销策略是指物流商从愿意合作的中间商中选择一些条件较好的中间商去代理或经销本企业的产品。这种策略的特点是物流商只在一定的市场上或一定区域内选用少数几个有支付能力、有销售经验、有产品知识及推销知识、信誉较好的中间商推销本企业的产品。它适用于技术复杂、需要的追加服务或额外服务多或客户对服务要求高的物流产品或服务项目。这种策略的优点是减少了物流商与中间商的接触，每个中间商在较大的市场区域内可获得较大的销售量，有利于培植物流企业与中间商的关系，提高渠道的运转效率，而且还有利于保护产品在用户中的声誉，使物流商对渠道能有适度的控制。

（3）独家分销策略。

独家分销策略是指物流商在一定的市场区域内仅选用一家经验丰富、信誉优秀的中间商销售本企业的产品。在这种情况下，双方一般都签订合同，规定双方的销售权限、利润分配比例、销售费用和广告宣传费用的分担比例等；规定在特定的区域内不准许物流商再找其他中间商经销其产品，也不准许所选定的中间商再经销其他物流企业特别是其他同类物流企业提供的同类竞争性产品。

五、物流分销渠道系统

1. 直接渠道系统

传统的直接渠道是指上门推销。现在直接渠道的内容十分广泛，包括广告、电话直销、电视直销、邮购直销、网络直销等。

2. 垂直渠道系统

垂直渠道系统是指物流企业与中间商组成的统一系统，由具有相当实力的物流公司作为领导者，其主要形式有公司式、管理式和合同式。

（1）公司式垂直分销系统。它是由一家物流公司拥有和统一管理若干个分公司和中间商来控制整个分销渠道。

（2）管理式垂直分销系统。它是由一个规模大、实力强的物流企业出面组织的，用来管理和协调物流过程的各个环节，综合协助整个货源的组织和运输存储的渠道系统。

（3）合同式垂直分销系统。它是由不同层次的、独立的物流企业和中间商在物流过程中组成的，以合同、契约等形式为基础建立的联合经营形式，目的在于获得比其独立行动时更多的经济和销售效果。例如，一个物流企业可以同时给予多家代理企业代理权。

3. 水平分销系统

水平分销系统是由两个或两个以上的物流企业联合、利用各自的资金、技术、运力和线路等资源共同开发和利用物流市场机会,如汽车运输公司与铁路部门、航空公司合作的联合运输渠道形式。

4. 多渠道分销系统

多渠道分销系统是一个物流企业建立两条或更多的分销渠道以达到一个或更多的顾客细分市场的做法。通过更多的渠道,物流企业可以增加市场覆盖面,降低渠道成本,实行顾客个性化销售,实现客户业务联系的便利性。但是,多渠道也可能会导致渠道冲突,因此应该加以有效管理和控制。

5. 物流渠道中间商

物流渠道中间商是专门为物流企业组织货源、承揽某一个或多个物流环节业务或为供需双方提供中介服务的机构。一般可以分为:①自己拥有港口、码头、机场、铁路、集装箱货运站和货物托运站等设施,并以经营该类设施为主要盈利目的的组织;②货运代理人,是游离于发货人、收货人和承运人之间的中间人,如订舱揽货代理、货物装卸代理、货物报关代理、理货代理、储存代理、集装箱代理、转运代理等。

6. 物流分销渠道变化趋势

渠道体制:由金字塔式向扁平化方向发展。

渠道运作:由总经销商为中心向以终端市场建设为中心。

渠道建设:由交易型关系向伙伴型关系转变。

市场重心:由大城市向地、县市场下沉,而且向客户下沉。

渠道激励:由让中间商赚钱转变为让中间商掌握赚钱的方法。

7. 确定分销渠道的模式

分销渠道模式主要是指是否采用中间商,分销渠道的长短、宽窄、具体成员等,所有这些要符合企业的战略目标、营销组合策略的实施。

8. 中间商的选择

中间商的选择应该考虑如下因素:①中间商的市场范围,中间商的经营范围应该与物流企业服务内容和服务面相一致或具有互补性;②中间商的资金实力、财务和信用状况;③中间商的营销能力、业务管理水平和专业程度等;④中间商对物流产品和市场的熟悉和驾驭程度;⑤中间商的促销政策和技术、中间商的地域优势及预期合作程度等。

小贴士

物流营销:先成全别人再成全自己

美国波音公司的董事长有一天接到意大利某航空公司的电话,该航空公司有一架飞机在地中海失事,正需要一架新客机弥补该航线运营。按照惯例,从客户下订单到交货一般需要2年的时间。公司董事长接到电话后立即组织有关部门开会,进行方案调整和论证,在不影响其他订单交货的前提下,只用了1个月就向客户交了货。几个月后公司收到来自该公司9架大型客机价值5.8亿美元的订单,本来该订单是预计与其他飞机制造商合作的。波音公司没花费任何营销成本和代价,没参加任何招投标会,没费什么口舌就得到了这样大的一份订单,充分体现了

"物流营销:先成全别人再成全自己"的哲理。

市场在变,竞争在变。市场竞争日趋增强的激烈性和对抗性,要求企业经营更加深入化和细致化,提高市场资源的可控程度。而分销渠道作为企业最重要的资源之一,其自我意识和不稳定性对企业的经营效率、竞争力和经营安全形成的局限和威胁却逐渐显现。越来越多的航空公司发现,在航线、价格乃至服务同质化趋势加剧的今天,单凭航线产品优势来赢得竞争已经非常困难。实际上,在产品同质化背景下,只有通过渠道和传播才能真正创造差异化的竞争优势。未来航空公司之间的竞争不仅是航线产品、航空服务的竞争,更是分销渠道的竞争,拥有稳定、高效的分销渠道是航空公司具备核心竞争力的体现之一。如何培养代理商的忠诚度?如何才能建立起稳定、持久、双赢的合作关系呢?这些问题给发展中的航空公司带来了极大的困惑。

不容忽视的一个事实是,目前国内多数客货销售代理往往质量不高或先天不足。从国营转制过来的往往模式僵化,私营渠道成员虽然机制灵活,但很多都是从小代理商发展而来的,没有受过系统、专业的培训,素质欠佳。所以,代理商缺乏忠诚度是普遍现象,企业发展到一定阶段时,都会遇到分销渠道成员的流失、叛变问题,于是航空公司就责怪代理商没有忠诚度,但航空公司没有想过,代理商凭什么要对其忠诚。代理商又不是航空公司的员工,不拿年薪,航空公司是没有理由要求代理商忠诚的。

由于分销渠道成员的机制、素质和营销能力参差不齐,相当一部分代理商"利"字当头,唯利是图,不注重长期经营,只强调短期效应,什么赚钱卖什么,他们"有奶便是娘",才不管什么战略性合作伙伴的建立。谁代理费高、政策好就跟谁,不注重品牌、推广、客户关系、顾客满意等战略性问题,不注重渠道、分销及终端管理。所以,航空公司一旦与代理商建立了合作关系,除了要提供相应的政策外,还应尽可能为代理商提供各种必要的培训。俗话说:"授人以鱼,不如授人以渔。"让代理商赚钱固然重要,但让其获得赚钱的能力更加重要。

1. 如何对物流企业的分销渠道进行有效的管理?
2. 如何进行物流企业分销渠道的设计?
3. 影响物流服务分销渠道的因素有哪些?

模块5　物流市场营销促销策略

学习目标

(1) 了解促销的意义和目标。
(2) 了解促销组合策略的选择与促销核算。
(3) 了解四种不同的促销策略。
(4) 了解不同促销策略运用的不同条件与环境。

工作任务

(1) 分析物流业务促销策略。
(2) 为不同的物流企业设计促销策略。
(3) 进行推销演练。

任务 1 物流市场营销促销策略分析与应用

领任务

活动一：物流企业促销策略分析。
操作步骤：
(1) 将班级同学分成八人一组，每组确定一名负责人。
(2) 每组选定一家物流企业（之前已做过物流市场细分的企业）。
(3) 分析该企业的促销策略。
(4) 每组学生阐述分析结果，讨论并共同判定其正确性。

活动二：为企业进行促销策略设计。
操作步骤：
(1) 将班级同学分成八人一组，每组确定一名负责人。
(2) 每组选定一家物流企业（之前已做过物流市场细分的企业）。
(3) 为该企业进行促销方案设计。
(4) 每组学生展示设计方案，教师和学生共同分析其科学性和可行性。

彭奈是怎样推销搅拌器的？

彭奈的第一个零售店开设不久，有一天，一个中年男子到店里买搅蛋器。

店员问："先生，你是想要好一点的，还是想要次一点的？"那位男子听了显然有些不高兴："当然是要好的，不好的东西谁要？"

店员就把最好的一种"多佛牌"搅蛋器拿了出来给他看。男子看了问："这是最好的吗？"

"是的，而且是牌子最老的。""多少钱？""120 元。"

"什么！为什么这样贵？我听说，最好的才六十几块钱。"

"六十几块钱的我们也有，但那不是最好的。""可是，也不至于差这么多钱呀！"

"差得并不多，还有十几元一个的呢。"男子听了店员的话，马上面现不悦之色，想立即掉头离去。

彭奈急忙赶了过去，对男子说："先生，你想买搅蛋器是不是？我来介绍一种好产品给你。"

男子仿佛又有了兴趣，问："什么样的？"

彭奈拿出另外一种牌子来，说："就是这一种，请你看一看，式样还不错吧？"

"多少钱？""54 元。"

"照你店员刚才的说法,这不是最好的,我不要。"

"我的这位店员刚才没有说清楚,搅蛋器有好几种牌子,每种牌子都有最好的货色,我刚拿出的这一种,是同牌中最好的。"

"可是为什么比多佛牌的差那么多钱?"

"这是制造成本的关系。每种品牌的机器构造不一样,所用的材料也不同,所以在价格上会有出入。至于多佛牌的价钱高,有两个原因:一是它的牌子信誉好;二是它的容量大,适合做糕饼生意用。"彭奈耐心地说。

男子脸色缓和了很多:"噢,原来是这样的。"

彭奈又说:"其实,有很多人喜欢用这种新牌子的,就拿我来说吧,我就是用的这种牌子,性能并不怎么差。而且它有个最大的优点,体积小,用起来方便,一般家庭最适合。府上有多少人?"

男子回答:"5个。"

"那再适合不过了,我看你就拿这个回去用吧,担保不会让你失望。"

请分析:彭奈是怎样进行推销的?

一、物流企业促销的含义

(一)促销及物流企业促销

促销即促进销售,是指通过人员和非人员的方式,把企业的产品及服务信息传递给顾客,激发顾客的购买欲望,影响和促进顾客购买行为的全部活动的总和。促销活动的实质是企业与消费者或用户之间的信息沟通。

物流企业促销是现代物流企业通过一系列活动,一方面向客户提供产品运输、仓储、配送等服务,另一方面向客户提供更为重要的增值服务和信息服务等。物流企业促销就是物流企业把其向客户提供物流服务的方式、内容、信息等通过一种或几种有效的途径传递给客户,以达到吸引客户、提高企业业务量、增加利润目的企业经营活动。

(二)物流企业促销的主要方式

1. 人员推销

人员推销是指企业派人员或委托推销人员,亲自向目标顾客进行商品或服务的介绍、推广宣传和销售的方式。

2. 广告

广告是指企业通过一定的媒介物,公开而广泛地向社会介绍企业的营销形式和产品品种、规格、质量、性能、特点和使用方法等信息的一种宣传促销形式。

3. 营业推广

营业推广是指企业在比较大的目标市场中,为刺激早期需求而采取的能够迅速产生鼓励作用、促进商品销售的一种措施。可以分为三类:①属于直接对消费者的,如展销、现场表演、赊销、消费信贷、现场服务、有奖销售、赠送纪念品等;②属于促成交易的,如举办物流展览会、供货会、订货会、物资交流会、购货折扣、延期付款、补贴利息、移库代销等;③属于鼓励推销人员的,如推销奖金、红利和接力推销等。

4. 公共关系

公共关系是指企业通过种种公共活动使社会各界了解本企业，以取得他们的信赖和好感，从而为企业创造一种良好的舆论环境和社会环境。

（三）物流企业促销的作用

(1) 提供情报。

(2) 刺激需求。

(3) 突出特点。

二、物流企业促销的目标

（一）物流企业促销目标的重要性

(1) 建立客户对本企业及其产品的认识和兴趣。

(2) 说服客户购买或使用本企业的服务。

(3) 建立并维护本企业的形象和信誉。

（二）物流企业促销的基本目标

(1) 建立对该物流产品及物流公司的认识和兴趣。

(2) 使服务内容和物流企业本身与竞争者产生差异。

(3) 沟通并描述所提供产品或服务的种种利益。

(4) 建立并维持物流企业的整体形象和信誉。

(5) 说服顾客购买或使用该项物流产品。

三、物流促销组合策略

（一）促销组合策略的含义

促销组合就是物流企业把人员推销、广告、营业推广和公共关系四种方式进行合理选择，有机搭配，使其综合地发挥作用，以取得最佳的促销效果，实现促销目标。在物流企业的市场营销活动中，进行促销的组合，是十分重要的问题。影响促销组合的因素如图 3-7 所示。

图 3-7　影响促销组合的因素

1. 目标因素

假如物流企业阶段目标以提升自己的美誉度为主，则应该选择公共关系和广告的方式。

2.策略因素

物流企业的促销通常可以采取"推"和"拉"两种策略。

3.市场因素

市场因素主要是物流服务产品的市场规模大小、客户密度、地域分布、客户类型(是属于个人或家庭用户还是组织市场的企业用户)、客户的心理行为和购买动机等。

4.企业资源因素

一般而言,企业资金实力雄厚,产品又是面向大众,顾客分散且数量多时就可以多考虑使用媒体广告特别是电视广告的促销方式。

5.渠道因素

如果物流企业服务项目推广主要是以中间代理商的方式为主,就应该多采取公共关系和广告的方式开展促销;而如果物流企业主要以直销方式推广自己的产品,就应该多采取公共关系、人员推销和营业推广的方式开展促销。

6.竞争因素

依据竞争对手的情况选择促销策略。

(二)促销组合策略的方式

促销组合策略的方式有推式策略、拉式策略和推拉式结合策略。

通常情况下,物流企业可以把推式和拉式策略结合起来运用,在向中间商进行大力促销的同时,通过广告刺激市场需求,在"推式"促销的同时进行"拉式"促销,用双向的努力把服务产品推向市场,这比单独利用推式策略或拉式策略更为有效。推式策略和拉式策略如图3-8所示。

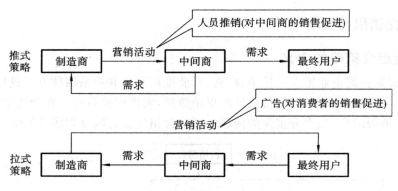

图3-8 推式策略和拉式策略

推销不是简单地劝说顾客或实现销售,更重要的在于帮助顾客并与顾客建立战略伙伴关系。推销是一种活动,在这种活动中,推销员要激活和满足顾客的需求,并达到买方与卖方长期的、互惠互利的目标。

促销预算的常用方法有:

量入为出法:在估量本公司所能承担的能力后再安排促销预算。

销售百分比法:以一个特定的销售或销售价(现行或预测)百分比来安排它们的促销费用。

竞争对等法:按部分对手的大致费用来决定自己的促销费用。

目标和任务法：经营人员要明确自己特定的目标，确定达到这一目标而必须完成的任务以及完成这些任务所需要的费用，以此为依据来决定促销预算。

人员推销的任务有哪些？

案例：三个营业员如何卖李子给老太太

一条街上有三家水果店。

一天，有位老太太来到第一家店里，问："有李子卖吗？"店主见有生意，马上迎上前说："老太太，买李子啊？您看我这李子又大又甜，还刚进回来，新鲜得很呢！"没想到老太太一听，竟扭头走了。

店主纳闷着："哎，奇怪啊，我哪里不对得罪老太太了？"

老太太接着来到第二家水果店，同样问："有李子卖吗？"第二位店主马上迎上前说："老太太，您要买李子啊？""啊。"老太太应道。"我这里李子有酸的也有甜的，那您是想买酸的还是想买甜的？"店主回答。"我想买一斤酸李子。"老太太说。于是，老太太买了一斤酸李子就回去了。

人员推销的优点：信息传递双向性，推销目的双重性，推销过程灵活性，长期协作性。

人员推销的缺点：支出较大，成本较高；对推销人员的要求较高。

推销人员的类型：

(1)事不关己型："要买就买，不买拉倒"，推销员无明确工作目的，缺乏强烈的成就感，对顾客实际需要漠不关心，对公司业绩也不在乎。

(2)顾客导向型：只知道关心顾客，不关心销售，十分重视推销工作中的人际关系，自认为是顾客的好朋友。

(3)强力推销型：只关心推销效果，不管顾客的实际需要和购买心理。

(4)推销技术型：既不一味取悦于顾客，也不一味强行推销于顾客，往往采用一种比较可行的推销战术，稳扎稳打，力求成交。

(5)解决问题型：既了解自己，也了解顾客，既知道所推销的东西有何用途，也知道顾客到底需要什么样的东西；既工作积极主动，又不强加于人。

顾客(推销对象)的类型：

(1)漠不关心型：既不关心推销员，也不关心购买行为。

(2)软心肠型：关心推销员，不关心购买行为。该类顾客重情，轻理智。易被说服，一般不会拒绝推销品。

(3)防卫型：不关心推销员，也不关心购买行为。主要表现为拒绝推销员，采取防卫心态。

(4)干练型：关心推销员，也关心购买行为。他们重感情，理智、自信。

(5)寻求答案型：高度关心购买行为，也高度关心推销员。理智而不感情用事。

不同的推销人员与不同的顾客的不同的组合会产生不同的推销效果。用"＋"表示完成推销任务，"－"表示未有效完成推销任务，"0"表示介于上述两种情况之间。两者关系如表3-4所示。

表 3-4 推销人员与顾客的不同组合效果

推销人员＼顾客	漠不关心型	软心肠型	干练型	防卫型	寻求答案型
解决问题导向型	＋	＋	＋	＋	＋
强销导向型	0	＋	＋	0	0
推销技术导向型	0	＋	＋	－	0
顾客导向型	－	＋	0	－	0
事不关己导向型	－	－	－	－	－

(三)选择促销组合策略时应考虑的因素

选择促销组合策略时应考虑的因素有物流产品的特点(物流企业为满足各类客户需求,提供不同类型的物流服务产品,针对各类产品的特点,应采取不同的促销组合策略。一般来说,比较复杂的物流服务产品,如通过系统数据库和咨询服务提供的以管理为基础的物流服务、物流战略计划的服务等,最好采取人员推销的方式;而对于比较简单的物流服务,如快运、仓储、运输、配送等,则比较适合采取广告的方式)、物流服务产品的生命周期、市场状况、费用因素、资源因素、渠道因素和竞争因素。

四、物流企业人员推销

(一)物流企业人员推销的含义

物流企业人员推销,指物流企业派出推销人员或委派专职推销机构向目前市场的客户及潜在客户推销物流服务产品的经营活动。对于企业而言,由于物流服务产品的专业性和特定性特点,推销具有其他营销方式所不可替代的作用,成为物流人员企业生产经营活动的重要内容和主要环节,也成为物流促销组合中最不可少的促销方式。

(二)物流企业人员推销的特点

物流企业人员推销的特点有沟通的双向性、方式的灵活性、对象的针对性、过程的情感性、角色的双重性和团队的协作性。

(三)推销人员的素质要求

推销人员的素质要求包括思想政治素质、知识修养、实际工作能力和个性素质。

(四)物流企业人员推销的程序

(1)寻找并识别目标客户;

(2)推销前的准备;

(3)约见客户;

(4)推销洽谈;

(5)应付异议;

(6)缔结合约;

(7)售后服务。

(五)人员推销的组织形式

人员推销的组织形式有区域结构式、项目结构式、客户结构式和复合结构式。

五、物流广告的含义及作用

(一)物流广告的含义

物流企业广告是指物流企业通过各种传播媒介,以付费的形式,将本企业的产品和服务等信息传递给客户的一种以促进销售为目的的非人员推销方式。

(二)物流广告的作用

(1)传递信息,促进销售;
(2)介绍商品,引导消费;
(3)树立企业形象,提高企业知名度。

六、广告媒体及其选择

依照不同媒体划分的广告种类有视听广告、印刷广告、户外广告、交通广告、售点广告和邮寄广告。

POP广告包括壁面广告、货架广告、地面广告、悬吊式广告、标志广告、柜台式广告、附在商品上的广告。

广告媒体的选择依据有企业及产品的特性、消费者的媒体习惯、媒体传播范围、媒体的影响和媒体的成本。

七、物流营业推广的含义

营业推广是指在短期内能够迅速刺激物流需要、吸引客户、增加物流需求量的各种促销形式。营业推广在物流服务中的各个阶段都是有效的,可以用来吸引注意,产生兴趣,诱发欲望,刺激购买。

(一)营业推广的形式

针对消费者的营业推广形式有产品陈列和现场表演、赠送样品、廉价包装、有奖销售、优惠券、知识讲座和售后保证。

针对中间商的营业推广形式有产品交易会和展示会、让利销售、销售竞赛和服务促销。

(二)物流企业进行营业推广时应考虑的因素

(1)明确营业推广的目标。
(2)选择营业推广的对象。
(3)确定营业推广的途径。
(4)掌握营业推广的时机。
(5)定好营业推广的期限。
(6)算好营业推广的费用。

八、公共关系的含义及公共关系促销的特点

(一)公共关系的含义

公共关系(public relation)是指某一组织为改善与社会公众关系,促进公众对组织的认识、理解及支持,达到树立良好组织形象、促进商品销售的一系列促销活动。

(二)公共关系促销的特点

1. 传递信息的全面化

企业开展公共关系活动,通过一定媒介把有关企业的信息有计划地传递给公众,是为了树立企业的良好形象,取得公众的信任与支持。因此,它所传递的信息是大量而全面的:既传递企业技术、设备、财务等方面的信息,又传递企业职工福利、企业前途及社会责任等方面的信息,甚至还传递企业素质、人才培养、股票价值等方面的信息。总之,公共关系能够把一个企业形象完整地呈现在公众面前。

2. 公众影响的多元化

一个企业周围的公众是多元化的,公众中不仅包括顾客(用户),而且还包括供应商厂商、社区、媒介、政府和企业内部职工等。在公众面前,企业必须做到两点:一是积极顺应公众的意见,二是努力影响公众的意见,从而树立企业在公众中的正面形象。

3. 成效的多面性

从心理学的角度看,人们的感情普遍存在一种由此及彼的扩展和迁移性。由于人们对某人、某物的主要方面感情很深,因此对与此相连的其他方面也产生相应的情感。公共关系正是把握人们的这种心理,通过集中力量塑造企业形象,使公众热爱企业,从而促进产品销售,而且能起到鼓励和吸引外资、吸引优秀人才等多方面的效果。

(三)公共关系的对象及方法

1. 公共关系的对象

公共关系的对象是公众。所谓公众,是指与企业经营管理活动发生直接或间接联系的组织和个人,主要包括顾客、供应厂商、新闻媒介单位、社区、上级主管部门和企业内部员工等。

2. 公共关系的主要方法

(1)利用新闻媒介扩大企业宣传。

(2)支持公益活动。

(3)组织专题公众活动。

(4)加强内部员工的联系。

(5)与地方政府建立良好的关系。

(四)物流企业的公关活动

1. 与新闻界沟通

首先,建立与当地及所属行业主要媒体新闻界的联系。其次,经常向新闻界通报企业的动态,特别要及时传递企业有价值的信息事件。再次,经常邀请新闻界的朋友到物流企业光临指导。最后,争取让新闻界多发表和刊登针对自己企业正面宣传的软文广告。

2. 产品和服务宣传

产品和服务宣传包括为宣传企业的某种物流服务项目所进行的一切宣传活动，一般是配合物流企业新航线、新项目和新业务上市所进行的各种促销宣传活动。

3. 公司内宣传

公司内宣传包括企业简报、企业报刊、内部资料、通报、企业内网公告等。

4. 企业外宣传

企业外宣传，如××港通过与中央电视台联合举办激情消夏晚会，组织4万人参加，吸引众多媒体报道，起到良好的宣传效果。

5. 游说

（1）物流企业向政府游说，积极宣传企业动态和处境，争取获得政府的政策支持。
（2）游说政府加快有助于自己乃至整个物流行业的立法进程。
（3）积极参与各种物流标准的规划和建设。
（4）同行业组织物流协会或各种物流组织，并在其中起主导作用。

6. 咨询

（1）物流企业应该经常针对社会普遍关注的热点问题开展公众咨询活动，加深公众的理解和支持。
（2）物流企业应该针对货主普遍关注的问题开展咨询，如举办研讨会、咨询会等，为他们排忧解难。
（3）物流企业还应该更多举办和参与各种有意义的针对中间商等的咨询活动，扩大自己的影响力，利用一切机会开展促销。

7. 危机公关

物流企业要准备针对各种复杂情况的应对预案。

（五）物流企业公共关系实施步骤

物流企业公共关系实施步骤如表3-5所示。

表3-5 物流企业公共关系实施步骤

过程	项目	内容
调研	企业内外信息	内部信息包括企业战略、使命、目标和文化等；外部信息包括社会事件、社会关注和政治、经济、科技、文化、自然动态等
建立营销目标	知名度/信誉/激励中间商/降低促销成本	公关活动/公关活动/营业推广/公关活动
界定公关目标群体	一般大众、客户、供应商、政府还是竞争对手	他们是谁，在什么地方，什么时间需要，需要什么公关信息和方式，为什么需要及如何实现
选择公关信息	新闻价值、影响力和传播性	新闻价值高、一触即发的焦点

续表

过程	项目	内容
选择公关工具与媒体	出版物、活动和新闻	
实施公关计划	计划、组织、控制和领导	关注细节,控制意外和偏差,准备预案
评价公关效果	曝光率/知名度/销售增长	媒体曝光次数及频率/公众参与人数和内容被记住人数/活动前后销售额变化

赞美技巧

1. 经典句子

你真不简单　　　我很佩服你　　　我很欣赏你

游戏设计:

对你的至少3位朋友把上面的3句话用上(设计一个具体的情境,使这3句话显得合理。)

2. 肯定认同技巧

你说得很有道理　　　　我认同你的观点

我理解你的心情　　　　你这个问题问得很好

我了解你的意思　　　　我知道你这样做是为我好

游戏设计:

请一个人上台介绍自己的虚拟公司及所卖的产品,下边的人扮演顾客提尽可能尖锐的问题。不管顾客怎样刁难,你都要记住上面的话。

示例:假设你是无锡高新物流公司的业务员,你给你公司的客户带来了许多不满,面对他们的责难,你可以利用的只有微笑和上面的6句话,请上台表演。

目的:通过本项目的训练,掌握并灵活运用推销方法,运用成交后的收款技术,掌握与顾客保持良好关系的方法。

要求:

(1)各小组的同学以各自负责的物流企业为背景,设计推销活动方案。

(2)评出最优方案并推荐给企业实施。

步骤:

1. 成交准备

(1)学生进行事先分组,活动由组长负责。

(2)各组每位成员撰写一份推销方案。

2. 项目实施

以小组采用分角色扮演法,结合具体推销活动,运用各种成交方法和技巧促成交易,然后对全过程进行纪录,注意成交时的语言、动作和神态。

模块6 物流市场营销策划方案设计及合同签订

学习目标

(1)了解物流市场营销策划方案的基本内容。
(2)了解物流市场营销计划与组织的基本原理与方法。
(3)掌握不同业务的合同签订要素。
(4)了解4种不同的促销策略。
(5)了解不同促销策略运用的不同条件与环境。

工作任务

(1)分析物流业务营销方案策划案。
(2)分析不同物流业务合同签订的要素。
(3)设计物流业务营销方案。
(4)设计不同业务类型的合同模板。

任务1 物流市场营销策划方案设计

领任务

活动:进行物流企业营销方案策划。
操作步骤:
(1)将班级同学分成八人一组,每组确定一名负责人。
(2)每组选定一家物流企业(之前已做过物流市场细分的企业)。
(3)分析该公司市场营销环境和公司业务状况。
(4)为该物流公司策划市场营销活动。
(5)形成策划方案。
(6)课堂上进行方案展示。
(7)老师和其他同学共同点评。

案例分析

营销策划方案

按国际惯例通用的标准文本格式形成的项目计划书,是全面介绍公司和项目运作情况,阐述产品市场及竞争、风险等未来发展前景和融资要求的书面材料。

保密承诺:本项目计划书内容涉及商业秘密,仅对有投资意向的投资者公开。未经本人同意,不得向第三方公开本项目计划书涉及的商业秘密。

一、营销企业摘要

创业计划书摘要,是全部计划书的核心之所在。

* 投资安排

资金需求数额	（万元）	相应权益	

* 拟建企业基本情况

公司名称	××物流公司
联系人	
电话	
传真	
E-mail	
地址	
项目名称	
您在寻找第几轮资金	□种子资本　□第一轮　□第二轮　□第三轮
企业的主营产业	

* 其他需要着重说明的情况或数据(可以与下文重复,本概要将作为项目摘要由投资人浏览)

二、业务描述

* 企业的宗旨

* 主要发展战略目标和阶段目标

* 项目技术独特性

介绍投入研究开发的人员和资金计划及所要实现的目标,主要包括:

(1)研究资金投入。

(2)研发人员情况。

(3)研发设备。

(4)研发产品的技术先进性及发展趋势。

三、产品与服务

* 创业者必须将自己的产品或服务创意做一介绍。主要有下列内容:

(1)产品的名称、特征及性能用途;介绍企业的产品或服务及对客户的价值。

(2)产品的开发过程,同样的产品是否还没有在市场上出现?为什么?

(3)产品处于生命周期的哪一阶段。

(4)产品的市场前景和竞争力如何。

(5)产品的技术改进和更新换代计划及成本,利润的来源及持续营利的商业模式。

* 生产经营计划。主要包括以下内容:

(1)新产品的生产经营计划:生产产品的原料如何采购,供应商的有关情况,劳动力和雇员的情况,生产资金的安排及厂房、土地等。

(2)公司的生产技术能力。

(3)品质控制和质量改进能力。
(4)将要购置的生产设备。
(5)生产工艺流程。
(6)生产产品的经济分析及生产过程。

四、市场营销

＊介绍企业所针对的市场、营销战略、竞争环境、竞争优势与不足、主要对产品的销售金额、增长率和产品或服务所拥有的核心技术、拟投资的核心产品的总需求等。

＊目标市场,应解决以下问题:
(1)你的细分市场是什么?
(2)你的目标顾客群是什么?
(3)你的5年生产计划、收入和利润是多少?
(4)你拥有多大的市场?你的目标市场份额为多大?
(5)你的营销策略是什么?

＊行业分析,应该回答以下问题:
(1)该行业发展程度如何?
(2)现在发展动态如何?
(3)该行业的总销售额有多少?总收入是多少?发展趋势怎样?
(4)经济发展对该行业的影响程度如何?
(5)政府是如何影响该行业的?
(6)是什么因素决定它的发展?
(7)竞争的本质是什么?你采取什么样的战略?
(8)进入该行业的障碍是什么?你将如何克服?

＊竞争分析,要回答如下问题:
(1)你的主要竞争对手是谁?
(2)你的竞争对手所占的市场份额和市场策略。
(3)可能出现什么样的新发展?
(4)你的核心技术(包括专利技术拥有情况,相关技术使用情况)和产品研发的进展情况和现实物质基础是什么?
(5)你的策略是什么?
(6)在竞争中你的发展、市场和地理位置的优势所在。
(7)你能否承受、竞争所带来的压力?
(8)产品的价格、性能、质量在市场竞争中所具备的优势。

＊市场营销,你的市场影响策略应该说明以下问题:
(1)营销机构和营销队伍。
(2)营销渠道的选择和营销网络的建设。
(3)广告策略和促销策略。
(4)价格策略。
(5)市场渗透与开拓计划。
(6)市场营销中意外情况的应急对策。

五、管理团队

＊全面介绍公司管理团队情况,主要包括:

(1)公司的管理机构,主要股东、董事、关键的雇员、薪金、股票期权、劳工协议、奖惩制度及各部门的构成等情况都要以明晰的形式展示出来。

(2)要展示你公司管理团队的战斗力和独特性及与众不同的凝聚力和团结战斗精神。

＊列出企业的关键人物(含创建者、董事、经理和主要雇员等)。

＊企业共有多少全职员工。

＊企业共有多少兼职员工。

＊尚未有合适人选的关键职位。

＊管理团队优势与不足之处。

＊人才战略与激励制度。

＊外部支持:公司聘请的法律顾问、投资顾问、投发顾问、会计师事务所等中介机构名称。

六、财务预测

＊财务分析包括以下三方面的内容:

(1)过去三年的历史数据,今后三年的发展预测,主要提供过去三年现金流量表、资产负债表、损益表及年度的财务总结报告书。

(2)投资计划。

①预计的风险投资数额。

②风险企业未来的筹资资本结构如何安排。

③获取风险投资的抵押、担保条件。

④投资收益和再投资的安排。

⑤风险投资者投资后双方股权的比例安排。

⑥投资资金的收支安排及财务报告编制。

⑦投资者介入公司经营管理的程度。

(3)融资需求。

创业所需要的资金额、团队出资情况、资金需求计划、为实现公司发展计划所需要的资金额、资金需求的时间性、资金用途(详细说明资金用途,并列表说明)。

融资方案:公司所希望的投资人及所占股份的说明,资金其他来源,如银行贷款等。

＊完成研发所需投入。

＊达到盈亏平衡所需投入。

＊达到盈亏平衡的时间。

＊项目实施的计划进度及相应的资金配置、进度表。

＊简述本期风险投资的数额、退出策略、预计回报数额和时间表。

七、资本结构

迄今为止有多少资金投入贵企业？	
您目前正在筹集多少资金？	
假如筹集成功,企业可持续经营多久？	
下一轮投资打算筹集多少？	
企业可以向投资人提供的权益有	□股权 □可转换债权 □普通债权 □不确定

八、投资者退出方式

＊股票上市：依照本创业计划的分析，对公司上市的可能性做出分析，对上市的前提条件做出说明。

＊股权转让：投资商可以通过股权转让的方式收回投资。

＊股权回购：依照本创业计划的分析，公司对实施股权回购计划应向投资者说明。

＊利润分红：投资商可以通过公司利润分红达到收回投资的目的，按照本创业计划的分析，公司对实施股权利润分红计划应向投资者说明。

九、风险分析

＊企业面临的风险及对策。

详细说明项目实施过程中可能遇到的风险，提出有效的风险控制和防范手段，包括技术风险、市场风险、管理风险、财务风险及其他不可预见的风险。

十、其他说明

＊您认为企业成功的关键因素是什么？

＊请说明为什么投资人应该投资企业而不是别的企业。

＊关于项目承担团队的主要负责人或公司总经理详细的个人简历及证明人。

＊媒介关于产品的报道；公司产品的样品、图片及说明；有关公司及产品的其他资料。

＊创业计划书内容真实性承诺。

问题：1.营销策划要做的准备工作有哪些？

2.一个项目开展营销活动有哪些步骤？

3.一份完整的营销策划书应包含哪些内容？

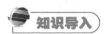
知识导入

一、营销策划剖析

营销策划是一种运用智慧与策略的营销活动与理性行为，营销策划是为了改变企业现状，达到理想目标，借助科学方法与创新思维，分析研究创新设计并制定营销方案的理性思维活动。这是为实施营销目标而对营销策略进行实际运用的活动，是营销管理全过程的重要组成部分。

关于营销，营是指经营，销是指销售。学营销、谈营销、做营销者甚众，但销售高手并不多，既懂销售又懂经营者更不多。营销是一个融合了诸多元素的系统工程。

关于策划，策是指计策、谋略，划是指计划、安排，连起来就是有计划的实施谋略。通常需组织者因时、因地制宜，集天时、地利、人和，整合各种资源而进行的一种安排周密的活动。好的策划，能环环相扣、前后呼应。策划可大可小，时间可长可短。

二、营销策划方法

营销策划是对营销活动的设计与计划，而营销活动是企业的市场开拓活动，它贯穿于企业经营管理过程。因此，凡是涉及市场开拓的企业经营活动都是营销策划的内容。

1.点子方法

什么是点子？从现代营销角度来说，点子是指有丰富市场经验的营销策划人员经过深思熟虑，为营销方案的具体实施所想出的主意与方法。

2. 创意方法

创意是指在市场调研前提下,以市场策略为依据,经过独特的心智训练后,有意识地运用新的方法组合旧的要素的过程。

3. 谋略方法

谋略是关于某项事物、事情的决策和领导实施方案。

三、营销策划基本原则

1. 概述

所有的技术、渠道都只是实施手段,唯有独到的创意、细致的分析、精准的定位、出色的策划,才是策划服务中的精髓,也是真正对客户具有至关重要意义的环节。坚决摒弃华而不实的推广方式,以及只有数据没有实际效果的单纯技术手段。除了常用的硬广告模式,更主张"创意独到、软性营销、特色炒作、共鸣性传播",以润物细无声的方式对目标群体进行巧妙渗透,并同时注重广度宣传与深度渗透。

2. 系统性原则

网络营销是以网络为工具的系统性的企业经营活动,它是在网络环境下对市场营销的信息流、商流、制造流、物流、资金流和服务流进行管理的。因此,网络营销方案的策划,是一项复杂的系统工程。策划人员必须以系统论为指导,对企业网络营销活动的各种要素进行整合和优化,使"六流"皆备,相得益彰。

3. 创新性原则

网络为顾客对不同企业的产品和服务所带来的效用和价值进行比较带来了极大的便利。在个性化消费需求日益明显的网络营销环境中,通过创新,创造与顾客的个性化需求相适应的产品特色和服务特色,是提高效用和价值的关键。特别的奉献才能换来特别的回报。创新带来特色,特色不仅意味着与众不同,而且意味着额外的价值。在网络营销方案的策划过程中,必须在深入了解网络营销环境尤其是顾客需求和竞争者动向的基础上,努力营造旨在增加顾客价值和效用、为顾客所欢迎的产品特色和服务特色。

4. 操作性原则

网络营销策划的第一个结果是形成网络营销方案。网络营销方案必须具有可操作性,否则毫无价值可言。这种可操作性,表现为在网络营销方案中,策划者根据企业网络营销的目标和环境条件,就企业在未来的网络营销活动中做什么、何时做、何地做、何人做、如何做的问题进行了周密的部署、详细的阐述和具体的安排。也就是说,网络营销方案是一系列具体的、明确的、直接的、相互联系的行动计划的指令,一旦付诸实施,企业的每一个部门、每一个员工都能明确自己的目标、任务、责任以及完成任务的途径和方法,并懂得如何与其他部门或员工相互协作。

5. 经济性原则

网络营销策划必须以经济效益为核心。网络营销策划不仅本身消耗一定的资源,而且通过网络营销方案的实施,改变企业经营资源的配置状态和利用效率。网络营销策划的经济效益,是策划所带来的经济收益与策划和方案实施成本之间的比率。成功的网络营销策划,应当是在策划和方案实施成本既定的情况下取得最大的经济收益,或花费最小的策划和方案实施成本取得目标经济收益。

四、营销策划分类

1. 网络营销策划

马云说,21世纪要么电子商务,要么无商可务。截至2012年6月底,中国网民数量突破5亿,有网购习惯人数突破3亿。网销是未来所有行业乃至所有企业的必选渠道。

2. 传统营销策划

(1)新产品上市:市场调研、产品定位、招商策划、市场启动。

(2)营销策划:营销诊断、市场推广、销售提升、促销策划、品牌提升、品牌推广。

(3)广告策划:平面广告创意策划、影视广告创意策划、影视广告拍摄制作。

(4)企业策划:品牌提升、品牌策划、品牌推广。

(5)终端建设:终端手册策划编制、终端促销人员培训、终端形象设计、销售终端维护。

(6)品牌提升:老品牌提升策略、老品牌销售提升、老品牌终端跟进策略。

(7)销量提升:产品不同周期销量提升、市场诊断、新产品销量提升、市场诊断。

(8)产品代理、销售:新产品区域销售、全国总代理、新产品合作开发。

3. 新营销策划

(1)品牌公关化:品牌公关机制、组织机构建立、品牌公关战略、隐性传播、显性传播、危机管理、危机公关、非传统营销、口碑营销、互动营销、品牌联合。

(2)品牌模式化:企业发展战略规划、品牌模式、产业模式规划、资本策略规划、盈利模式规划、项目及产品规划、产业整合规划。

五、营销策划的理念

营销策划,首先要确定营销概念,其次是在营销理念基础上的策划。营销策划是根据企业的营销目标,以满足消费者需求和欲望为核心,设计和规划企业产品、服务和创意、价格、渠道、促销,从而实现个人和组织的交换过程。营销策划是为了改变企业现状,完成营销目标,借助科学方法与创新思维,立足于企业现有营销状况,对企业未来的营销发展做出战略性的决策和指导,带有前瞻性、全局性、创新性、系统性。营销策划适合任何一个产品,包括无形的服务,它要求企业根据市场环境变化和自身资源状况做出相适应的规划,从而提高产品销售,获取利润。

六、营销策划的主要内容

营销策划包含市场细分、产品创新、营销战略设计、营销组合4P战术等四个方面的内容。

营销策划的核心要点是有机组合策划的各要素,最大化提升品牌资产。品牌识别系统、品牌化战略与品牌架构就好像宪法,企业的营销传播活动就像组织与个人日常的政治、经济与社会活动,把营销策略、广告创意、终端陈列与促销当作品牌战略管理的工作,就等于把公民日常的社会活动如升学、就医、谈恋爱、婚嫁当作宪法的制定与实施了。像全国人大的工作职责一样,企业品牌战略管理部门的职责首先是品牌宪法的制定,然后是执法检查,即对品牌的营销策略、广告公关促销等传播活动的每一个环节是否有效地体现品牌宪法进行检查。因此,要通过营销策划高效创建强势大品牌,关键是围绕四条主线做好企业的品牌战略规划与管理工作。

企业品牌营销策划机构品牌联播营销顾问认为,快速发展的互联网时代让各大、中、小型企业不再忽视网络互动营销的潜在市场,如今正式网络营销的黄金时代。营销策划也注定离不开网络营销这一块。

网络营销时代的营销方法不断创新,事件营销就是其中一种方式。事件营销又被称为"事件炒作"。

通过事件营销一夜成名的例子有许多。其背后拥有一支经验丰富的策划团队。事件营销就是经过策划团队的精密策划来为你的企业或是网站抑或是个人来打造独特卖点,然后通过在网上雇佣大量水军帮其转载传播,最后经过媒体宣传从而达到知名度的迅速提升。

事件营销策划成功也有其最基本的特点,就是必须要有争议性。一件事情越有争议性,传播得就越快、越广,所受的关注度也就越高。而其背后的策划团队更要能够很好地把控这种争议性,引导民众舆论的方向以期达到最好的宣传效果。通过事件营销这样的手段,可以让你的企业、网站抑或是个人瞬间尽人皆知,或许这样做会为你带去一些可观的收入,但是凡事都有两面性,这也就是事件营销其自身的弊端。

雇佣网络推手为其成名制造噱头,雇佣水军大量宣传,最后还要聘请媒体进行采访。而这一切所花费的远比一般的营销手段的花费要巨大。想要持续成名,你只有持续地掏钱、制造噱头来吸引别人的眼球。

事件营销可能在短时间之内会为你塑造出一个"成功"的品牌,投资巨大,策划一起事件是需要满足事件营销的基本要点的,没有这些要点的支撑,一起事件营销就很难传起来。

七、营销策划的主要内容

(1)营销战略规划。
(2)产品全国市场推广。
(3)一线营销团队建设。
(4)促销政策制定。
(5)专卖体系等特殊销售模式打造。
(6)终端销售业绩提升。
(7)样板市场打造。
(8)分销体系建立。
(9)渠道建设。
(10)直营体系建设。
(11)价格体系建设。
(12)招商策划。
(13)新产品上市策划。
(14)产品规划。
(15)市场定位。
(16)营销诊断。
(17)网络营销平台的创立等。

八、营销策划过程

菲利普·科特勒认为:营销开始于业务计划过程之前。与制造和销售观点不同,该业务过程由价值创造和随后的传递组成,这个过程包括三个阶段。

第一阶段是选择价值。在任何产品产生以前,必须先做营销"作业"。营销工作过程是细分市场(segmentation)、目标(targeting)、定位(positioning)——STP,它是战略营销的精粹。

第二阶段是提供价值。一旦业务单位选择好了将提供给目标市场的价值,它即准备提供价值工作。有形产品和服务必须具体明确,目标价格必须制定,产品必须制造和分销给市场。在第二个阶段,开发特定产品的性能、价格和分销,这也是战术营销(tactical marketing)的内容。

第三阶段是传播价值。战术营销在延伸:组织销售力量、促销、广告和其他推广工作,以使该供应品为市场所知。营销过程始于产品以前,继续于产品开发之中,在产品销售之后还应延续。

注:关于营销策划,目前欧洲国家已经将定位、营销、策划分得很细,各自有专业的操作公司。而在中国国内,很多营销策划机构依然在追求全案操作,从定位到设计推广一体化进程,难免影响其专业性。最近几年,国内上海、广州等地已经逐渐出现了细分的营销策划公司,如专业做定位、专业做设计、专业做营销托管等,这必将是营销行业的大势所趋。

九、营销策划方案原则

企业营销策划方案法则一:确定业务目标。

业务目标必须明确以下问题:一是确定目标市场,企业服务的顾客是哪一类?在什么地方?市场规模有多大?顾客有什么需求?这是制定营销策划方案的基础情报。二是对企业营销效果的确定。国际品牌网提醒,这里的效果不仅包括企业的获利能力指标,而且包括其他一些企业追求的目标,如企业知名度、企业信誉等。

企业营销策划方案法则二:营销策划方式设计多样性。

企业产生营销方案的途径是多种多样的。常用的方法有:

(1)自己企业的经验。在长期的营销活动中,每一个企业都积累了一定的市场营销经验,这是企业无形的财富。借鉴过去营销活动成功的经验,分析当前的营销环境,产生新的营销策划方案。

(2)向竞争对手学习。本企业的竞争对手特别是市场领袖的企业,他们掌握着大量的市场信息资料,所进行的活动很值得企业研究。国际品牌网觉得,认真分析竞争对手的营销策略,不仅可以发现竞争对手的弱点,还可以利用他们的经验,取他人之长,补自己之短。

(3)创新。企业在产品设计、服务方式、价格、销售、促销等各方面采取新措施,使得营销效果更好。

企业营销策划方案法则三:企业营销策划方案的评价。

对各种营销活动方案的评价是优选的基础。评价一个活动方案优劣,一般从以下的几个方面进行比较:

(1)方案的期望收益,即比较各种方案的营销效益目标,如盈利指标有销售利润率、成本利润率、利润总额,市场发展目标有市场占有率、开拓目标市场层次与范围等。

(2)方案的预算成本,即比较为各个方案投入费用的大小,包括固定投资和流动费用。

(3)方案的可行性,即比较方案的可操作性。有些方案未来的效果比较好,但暂时不能实现或者方案运作上有较大的障碍,这样的方案就不能列为优选方案。

十、营销策划公司

营销策划公司是指从事市场营销服务,运用专业营销经验,通过"智慧和创意",帮助企业以更经济、更快速的方式打开市场的专业服务公司,属于商业性服务公司。

给新人的三个意见:

(1)如果满足于平庸就不要做策划。为企业创造价值、缔造传奇品牌是营销策划人存在的唯一理由。所以不仅仅只满足在传播领域的创新,一个优秀的营销策划人的目标应该以营销战略的精准实效为前提,以产品及营销模式的创新为基础,实现品牌和传播的创新。

(2)优秀的营销策划人很诚实、很负责、很OPEN,尊重每个人的天赋与才能,崇尚从工作和生活中找到成就感和快乐。

(3)在学会做事之前先学会做人。优秀的营销策划人是乐观、成熟、正直、诚实、勇敢的人;优秀的营销策划人有事业心,不满足于平庸,对目标的追求有着坚定不移的信念;在做大事之前先学会做小事,保持OPEN的心态;一专多能,与时俱进,拒绝"半桶水"的自我封闭。

营销策划人员的基本要求:

(1)必须具备优秀的品德,诚信有责任感。

(2)必须具备5~10年的实战营销经验,从基层做起,有促销、业务、销售、市场经验,营销总监的综合管理经验。

(3)能够以事实为依据,旨在为企业"解决问题"。

(4)具备优秀的学习能力,从"全球化、信息化、知识化"的角度,用麦肯锡的方法、系统化的思维,注重解决方案与企业资源的匹配性和可行性。

(5)能够深入洞察市场环境变化,明晰市场竞争态势,熟知顾客心理需求和行为特性,结合自身丰富的实战经验,为企业破解营销迷局,提供长期制胜之道。

(6)能运用全方位与企业匹配的营销战略和出奇制胜的策略方案,稳步提升企业业绩和市场份额。

十一、营销战略过程

市场营销的战略主要的任务就是站在战略经营单位的角度分析形式,制定目标和计划。营销策划的战略是营销策划中至关重要的带方向性、全局性和综合性的谋划。

十二、营销策划步骤

营销策划包括六个步骤:情景分析、目标、战略、战术、预算和控制。

1. 情景分析

企业首先要明确所处环境的各种宏观力量(经济、政治/法律、社会/文化、技术)和局内人——企业、竞争者、分销商和供应商。企业可以进行SWOT分析(优势strength、劣势weakness、机会opportunity、威胁threat)。但是这种分析方法应该做一些修改,修改后成为TOWS分析(威胁threat、机会opportunity、劣势weakness、优势strength),原因是分析思维的顺序应该由外而内,而不是由内而外。SWOT分析方法可能会赋予内部因素不应有的重要性,误导企业根据自身的优势来选择性地认识外部威胁和机会。这个步骤还应包括公司各部门面临的主要问题。

2. 目标

对于情景分析中确认的那些最好的机会,企业要对其进行排序,然后由此出发,定义目标市场、设立目标和完成时间表。企业还需要为利益相关者、企业的声誉、技术等有关方面设立目标。比如,海尔的企业口号"真诚服务到永远",佛尔盛的"让传动更简单,让传动更节能"等。

3. 战略

任何目标都有许多达成途径,战略的任务就是选择最有效的行动方式来完成目标。

4. 战术

战略充分展开成细节,包括 4P 和各部门人员的时间表和任务。

5. 预算

企业为达到其目标所计划的行为和活动需要的成本。

6. 控制

企业必须设立检查时间和措施,及时发现计划完成情况。如果计划进度滞后,企业必须更正目标、战略或者各种行为来纠正这种局面。

十三、策划四要素

1. 市场环境分析

进行市场环境分析的主要目的是了解产品的潜在市场和销售量,以及竞争对手的产品信息。只有掌握了市场需求,才能做到有的放矢,减少失误,从而将风险降到最低。以凉茶为例,凉茶一直以来为南方人所热衷,这其中有气候、饮食上的差异,因此应该将主要的营销力量集中在南方城市,如果进行错误的定位,将力量转移到北方,无论投入多大的人力、财力,都不会取得好的营销效果。

2. 消费心理分析

只有在掌握了消费者会因为什么原因、什么目的去购买产品,才能制定出有针对性的营销方案。天创认为,目前的营销大多是以消费者为导向的,但仅仅根据消费者的需求来制定产品是不够的,对消费能力、消费环境的分析才能使整个营销活动获得成功。脑白金能够畅销数十年,从它间断的广告和广告语中就能看出端倪:"过节不收礼"正是利用了国人在过节时爱送礼的特性,而作为保健品,两个活泼老人的形象在无形中驱使晚辈在过节时选择脑白金,相信如果换成两个年轻人在说广告语,影响力就下降很多。

3. 产品优势分析

这里的产品优势分析包括品牌分析和竞争分析。只有做到知己知彼,才能战无不胜。在营销活动中,该品难免会被拿来与其他产品进行对比,如果无法了解该品和竞品各自的优势和劣势,就无法打动消费者。在某次营销类课程中就发生过这样的情况,课程的实操模拟中,两位学员进行销售情景模拟,其中一位扮演销售人员的学员在整个过程中对该品和竞品都缺乏足够的了解,导致另一位学员只能通过直观的感觉来交接产品特性,最终导致整个销售过程以失败告终。营销的目的也是如此,通过营销手段,让消费者了解到该品的优势,进而产生购买欲望是营销活动中重要的环节。

4. 营销方式和平台的选择

营销方式和平台的选择既要根据企业自身情况和战略,同时还要兼顾目标群体的喜好来进行。例如针对全国儿童的产品,就可以根据儿童的特点,在央视的儿童频道以动画短片的形式展现出来,这样不仅符合企业战略,将产品传达给全国儿童,还能够吸引儿童的目光。

十四、具体格式和内容

(1)营销机会分析,包括整个商品或消费品市场的数量和金额分析,各竞争店牌或品牌商品结构的销售量与销售额的分析,各竞争店牌或品牌市场占有率的比较分析,顾客与消费者年龄、性别、家庭收入等分析,各竞争店牌或品牌商品优缺点的分析,各竞争店牌或品牌市场细分与商品定位的比较分析,各竞争店牌或品牌广告费用与广告表现的比较分析,各竞争店牌或品牌促销活动的比较分析,各竞争店牌或品牌公关活动的比较分析,各竞争店牌或品牌定价策略的比较分析,各竞争店牌或品牌分销策略的比较分析,各竞争店牌或品牌店铺布局的比较分析,企业的利润结构和费用情况分析。

(2)目标市场定位,包括确定目标市场和商品定位、经营目标、价格策略、分销策略、广告形式和投资预算、促销活动的重点和原则、公关活动的重点和原则。

(3)促销活动规划,包括明确促销的目标,选择促销的形式和内容。

(4)分销活动计划,包括价格策略、分销的渠道、店铺的陈列、服务的质量。

(5)销售管理计划,包括主管的职责权限、销售目标计划、人员的挑选和培训、推销人员的薪金标准、推销人员的奖励措施。

(6)市场反馈和调整,包括市场销售信息的反馈整理、经营目标的核算、经营行为的调整。

十五、营销策划发展阶段

1. 产品策划阶段

顾客需要物美价廉的商品,所以企业主要集中力量改进产品,而不注重顾客的需求和愿望,并忽略了分销、促销等方面的营销工作,从而导致一旦新技术和替代品出现,企业的产品就出现滞销。

2. 促销策划阶段

大众化时代,商品更加丰富,企业在营销策划方面的重点是如何促销自己的产品,因此各企业设置销售人员,并制定激励体制鼓励销售人员多卖产品,并同时运用广告战、价格战来刺激消费者需求,不考虑消费者的喜欢和满意程度。

3. 系统营销策划阶段

经济不断发展,消费者需求上发生转变,大众化的商品得不到消费者的认可,因此企业营销策划的重点是不断分析消费者心理和行为特征,并进行市场细分,通过设计产品、定价、分销和促销等一系列系统手段来满足消费者的需求和欲望。

十六、与传统营销方式的区别

传统营销是在推销观念基础上的升级,重点强调市场营销组合手段的创新和品牌概念的传播,在一段时期内,中国很多企业确实能通过传统营销手段取得很辉煌的成绩,但消费者需求一旦发生改变,企业就会陷入困惑和不归之路。

系统营销策划是建立在消费者需求基础上的营销系统工作,要求营销工作更完善和精准,包含市场细分、产品创新、营销战略设计、营销组合4P战术的控制四个部分,能有效解决企业在营销中的问题,提高企业营销管理能力,建设企业核心竞争力。

系统营销策划是以消费者需求和欲望为核心,充分利用企业内部和外部资源,用更全面、更立体、更长远的营销策划模式解决企业营销根本问题,让企业稳健经营。

营销策划就是玩好各个"P"资源,找到最适合的人群,利用最合适的价格,铺好最适合的渠道,运用最适合的推广手法与促销手段,各个"P"资源最适配于企业的营销环境才是最成功的营销策划。正如笔者一直坚持的"只做最和谐的颠覆"。

十七、写作技巧

(1)营销策划的目的。

(2)企业背景状况分析。

(3)营销环境分析。

①当前市场状况及市场前景分析。

A.产品的市场性、现实市场及潜在市场状况。

B.市场成长状况,产品目前处于市场生命周期的哪一阶段上。对于不同市场阶段上的产品公司营销侧重点如何,相应营销策略效果怎样,需求变化对产品市场的影响。

C.消费者的接受性,这一内容需要策划者凭借已掌握的资料分析产品市场发展前景。

②对产品市场影响因素进行分析。

主要是对影响产品的不可控因素进行分析,如宏观环境、政治环境、居民经济条件,以及消费者收入水平、消费结构的变化、消费心理等。对一些受科技发展影响较大的产品,如计算机、家用电器等产品的营销策划中还需要考虑技术发展趋势的影响。

(4)市场机会与问题分析。

营销方案,是对市场机会的把握和策略的运用,因此分析市场机会,就成了营销策划的关键。只是找准了市场机会,策划就成功了一半。

①针对产品目前营销现状进行问题分析。一般营销中存在的具体问题,表现为多方面:

企业知名度不高、形象不佳,影响产品销售;

产品质量不过关、功能不全,被消费者冷落;

产品包装太差,提不起消费者的购买兴趣,产品价格定位不当;

销售渠道不畅或渠道选择有误,使销售受阻;

促销方式不对,消费者不了解企业产品;

服务质量太差,令消费者不满;

售后保证缺乏,消费者购后顾虑多等。

②针对产品特点分析优、劣势。从问题中找劣势予以克服,从优势中找机会,发掘其市场潜力。对各目标市场或消费群特点进行市场细分,对不同的消费需求尽量予以满足,抓住主要消费群作为营销重点,找出与竞争对手差距,把握利用好市场机会。

(5)营销目标。

营销目标是在前面目的任务基础上公司所要实现的具体目标,即营销策划方案执行期间,经济效益目标达到:总销售量为××万件,预计毛利××万元,市场占有率实现××。

(6)营销战略(具体行销方案)。

①营销宗旨,一般企业可以注重这样几方面:

以强有力的广告宣传攻势顺利拓展市场,为产品准确定位,突出产品特色,采取差异化营销策略;

以产品主要消费群体为产品的营销重点;

建立起点广面宽的销售渠道,不断拓宽销售区域等。

②产品策略:通过前面产品市场机会与问题分析,提出合理的产品策略建议,形成有效的4P组合,达到最佳效果。

产品定位。产品市场定位的关键是在顾客心目中寻找一个空位,使产品迅速启动市场。

产品质量功能方案。产品质量就是产品的市场生命,企业对产品应有完善的质量保证体系。

产品品牌。要形成一定知名度、美誉度,树立消费者心目中的知名品牌,必须有强烈的创牌意识。

产品包装。包装作为产品给消费者的第一印象,需要能迎合消费者使其满意的包装策略。

产品服务。策划中要注意产品服务方式、服务质量的改善和提高。

③价格策略。这里只强调几个普遍性原则:

拉大批零差价,调动批发商、中间商的积极性;

给予适当数量折扣,鼓励多购;

以成本为基础,以同类产品价格为参考。

若企业以产品价格为营销优势,则更应注重价格策略的制定。

④销售渠道。产品目前销售渠道状况如何,对销售渠道的拓展有何计划,采取一些实惠政策鼓励中间商、代理商的销售积极性或制定适当的奖励机制。

⑤广告宣传。

A. 原则:服从公司整体营销宣传策略,树立产品形象,同时注重树立公司形象。长期化:广告宣传商品个性不宜变来变去,变多功能了,消费者会不认识商品,反而使老主顾也觉得陌生,所以,在一定时段上应推出一致的广告宣传。广泛化:选择广告宣传媒体多样化的同时,注重抓宣传效果好的方式。不定期的配合阶段性的促销活动,掌握适当时机,及时、灵活地进行,如重大节假日、公司有纪念意义的活动等。

B. 实施步骤可按以下方式进行:策划期内前期推出产品形象广告;销后适时推出诚征代理商广告;节假日、重大活动前推出促销广告;把握时机进行公关活动,接触消费者;积极利用新闻媒介,善于创造利用新闻事件提高企业产品知名度。

⑥具体行动方案。

根据策划期内各时间段特点,推出各项具体行动方案。行动方案要细致、周密,操作性强又不乏灵活性。还要考虑费用支出,一切量力而行,尽量以较低费用取得良好效果为原则。尤其应该注意季节性产品淡、旺季营销侧重点,抓住旺季营销优势。

(7)策划方案各项费用预算。

这一部分记载的是整个营销方案推进过程中的费用投入,包括营销过程中的总费用、阶段费用、项目费用等,其原则是以较少投入获得最优效果。费用预算方法在此不再详谈,企业可凭借经验,具体分析制定。

(8)方案调整。

这一部分是作为策划方案的补充部分。在方案执行中都可能出现与现实情况不相适应的地方,因此必须根据市场的反馈及时对方案进行调整。

十八、编制原则

(1)逻辑思维原则。
(2)简洁朴实原则。
(3)可操作原则。
(4)创意新颖原则。

十九、营销策划书书写步骤

1. 构建营销策划书的框架

在书写策划书之前,先用因果关系图(也称树状图)将有关概念和框架汇集于一张纸上,以描述策划整体构想,其目的在于将核心问题、内外环境因素,以及解决问题的思路清晰地展示出来。

2. 整理资料

在汇集资料时,应先对资料加以整理、分类,再按照营销策划书的框架顺序一一列入,绝不允许将无关紧要的资料硬塞进策划书中。在进行资料整理前要进行充分的市场调研,把握好市场最新消息,并做到资料的属实性,那样更具说服力。

3. 版面设计

确定版面的大小、每页标题的位置,在版面中的哪个位置放置文本、哪个位置安放图片,确定页码的位置与设计。目录的设计排列不应该一成不变,防止刻板老套,多运用图表、图片、插图、曲线图以及统计图表等,并辅之以文字说明,增加可读性。版面设计尽量做到形象具体,也要有所创新,有自己的特色。

在标题前加上统一的识别符号或图案来作为策划内容的视觉识别。

自行设计的文字符号将会产生意想不到的效果,应该适当加以应用。

标题可以分为主标题、副标题、标题解说等,通过这种简练的文字,使策划书的内容与层次一目了然。

版面内容包括封面、目录、前言、规划目标、情景分析、方案说明、使用资源、预期效果及风险评估、策划摘要、策划背景、动机、策划内容、实施的日程计划等。

4. 营销策划书书写技巧

(1)前言的撰写最好采用概括力强的方法,如采用流程图或系统图等;
(2)在书写之前,先在一张图纸上反映出计划的全貌;
(3)巧妙利用各种图表;
(4)策划书的体系要井然有序,局部也可以用比较轻松的方式来表述;
(5)在策划书的各部分之间要做到承上启下;
(6)要注意版面的吸引力。

5. 营销策划书中必备项目

(1)封面。

呈报对象,文件种类,策划名称(策划主题、副标题),策划者姓名及简介(小组名称、成员名称、单位、职称和姓名),策划制作年、月、日,编号及总页数。
(2)目录。
(3)策划目的(前言)。
(4)内容的简要说明(策划摘要)。
(5)策划内容的详细说明。
(6)策划费用预算。
(7)策划实施时的步骤说明以及计划书(时间、人员、操作等的计划表)。
(8)策划的预期效果(使用资源、预期效果及风险评估)。
(9)对本策划问题症结的想法。
(10)可供参考的策划案、文献、案例等。
(11)如果有第二、第三备选方案,列出其概要。
(12)实施中应注意的事项。
注意:当项目相对简单时,有(1)至(6)就可以了。如果为了实施简便起见,把(7)和(8)加进去更好。如果要更详细说明,(9)至(12)就有必要加进去。

二十、企划书模板

(一)市场状况

要了解整个市场规模的大小以及敌我对比的情况,市场状况分析必须包含下列12项内容:
(1)整个产品市场的规模。
(2)各竞争品牌的销售量与销售额的比较分析。
(3)各竞争品牌市场占有率的比较分析。
(4)消费者年龄、性别、职业、学历、收入、家庭结构之分析。
(5)各竞争品牌产品优缺点的比较分析。
(6)各竞争品牌市场区域与产品定位的比较分析。
(7)各竞争品牌广告费用与广告表现的比较分析。
(8)各竞争品牌促销活动的比较分析。
(9)各竞争品牌公关活动的比较分析。
(10)各竞争品牌定价策略的比较分析。
(11)各竞争品牌销售渠道的比较分析。
(12)公司过去5年的损益分析。

(二)企划书正文

营销企划书正文由6大项构成,现分别说明如下:

1.公司的主要政策

企划者在拟定企划案之前,必须与公司的最高领导层就公司未来的经营方针与策略,做深入细致的沟通,以确定公司的主要方针政策。双方要研讨下面的细节:
(1)确定目标市场与产品定位。
(2)销售目标是扩大市场占有率还是追求利润。

(3)制定价格政策。
(4)确定销售方式。
(5)广告表现与广告预算。
(6)促销活动的重点与原则。
(7)公关活动的重点与原则。

2. 销售目标

所谓销售目标,就是指公司的各种产品在一定期间内(通常为一年)必须实现的营业目标。销售目标量化有下列优点:

(1)为检验整个营销企划案的成败提供依据。
(2)为评估工作绩效目标提供依据。
(3)为拟定下一次销售目标提供基础。

3. 推广计划

企划者拟定推广计划的目的,就是要协助实现销售目标。推广计划包括目标、策略、细部计划等三大部分。

1)目标

企划书必须明确地表示,为了实现整个营销企划案的销售目标,所希望达到的推广活动的目标。

2)策略

决定推广计划的目标之后,接下来要拟定实现该目标的策略。推广计划的策略包括广告表现策略、媒体运用策略、促销活动策略、公关活动策略等四大项。

(1)广告表现策略:针对产品定位与目标消费群,决定方针表现的主题。媒体运用策略:媒体的种类很多,包括报纸、杂志、电视、广播、传单、户外广告等。要选择何种媒体?各占多少比率?广告的视听率与接触率有多少?

(2)促销活动策略:促销的对象、促销活动的种种方式,以及采取各种促销活动所希望达成的效果是什么。

(3)公关活动策略:公关的对象、公关活动的种种方式,以及举办各种公关活动所希望达到目的是什么。

3)细部计划

详细说明实施每一种策略所进行的细节。

(1)广告表现计划:报纸与杂志广告稿的设计(标题、文字、图案),电视广告的创意脚本、广播稿等。

(2)媒体运用计划:选择大众化还是专业化的报纸与杂志,还有刊登日期与版面大小等;电视与广播广告选择的节目时段与次数。另外,也要考虑 CRP(总视听率)与 CPM(广告信息传达到每千人平均之成本)。

(3)促销活动计划:包括商品购买陈列、展览、示范、抽奖、赠送样品、品尝会、折扣等。

(4)公关活动计划:包括股东会、发布公司消息稿、公司内部刊物、员工联谊会、爱心活动、同传播媒体的联系等。

4. 市场调查计划

市场调查在营销企划案中是非常重要的内容。因为从市场调查所获得的市场资料与情报,是拟定营销企划案的重要依据。此外,前述第一部分市场状况分析中的12项资料,大都可通过市场调查获得,由此也显示出市场调查的重要。

然而,市场调查常被高层领导人与企划书人员所忽视。许多企业每年投入大笔广告费,而不注意市场调查,这种错误的观念必须尽快转变。

市场调查与推广计划一样,也包含了目标、策略及细部计划三大项。

5. 销售管理计划

假如把营销企划案看成一种陆海空联合作战的话,销售目标便是登陆的目的。市场调查计划是负责提供情报,推广计划是海空军掩护,而销售管理计划就是陆军行动了,在情报的有效支援与强大海空军的掩护下,仍须领先陆军的攻城略地,才能获得决定性的胜利。因此,销售管理计划的重要性不言而喻。销售管理计划包括销售主管和职员、销售计划、推销员的挑选与训练、激励推销员、推销员的薪酬制度(工资与奖金)等。

6. 损益预估

任何营销企划案所希望实现的销售目标,实际上就是要实现利润,而损益预估就是要在事前预估该产品的税前利润。只要把该产品的预期销售总额减去销售成本、营销费用(经销费用加管理费用)、推广费用后,即可获得该产品的税前利润。

物流服务营销创新实训方案

(一) 实训目标

通过本次营销实训,针对企业物流服务营销实际课题,完成从前期的市场调查到物流服务的开发、定价、分销渠道选择、促销、有形展示、服务过程、人员等整个营销过程策划内容,使学生学会系统、综合运用营销知识解决企业营销问题,巩固所学的基本理论知识,融会贯通,提高营销分析判断、独立思考的能力和解决综合营销问题的能力。

(二) 实训内容与要求

1. 实训内容

为企业进行全面的物流服务营销创新策划,或针对企业某一方面的物流服务营销进行创新策划,写出物流服务营销创新报告,并写明创新的根据与所预期的效果。

2. 实训要求

(1) 熟悉实训的程序,独立完成课题。

(2) 根据课题大小以4~5名学生为一组,选择物流服务营销课题。

(3) 每个小组成员根据要求进行小组活动,教师进行指导,学生完成规定任务,提交营销资料与报告,字数以2000~3000字为宜。

(4) 教师每天根据学生工作情况,提交营销资料与报告进行评定评分。

(三) 成果与检验

(1) 对形成的统一结论写成书面材料存档。

(2) 每位同学的成绩由两部分组成:课堂讨论成绩(40%)和书面成绩(60%)。

(四) 教学建议

(1) 安排时间组织学生到校外实训基地的企业参观,进行现代企业物流服务营销实践,了解物流行业对营销工作的要求。

(2)介绍最新企业营销知识发展现状,激发学生的学习兴趣。

(3)有条件的话,让学生深入企业1~2个月,真正体会工作的滋味,得到切实的锻炼。

任务 2　物流业务合同签订

活动:签订物流业务合同。

操作步骤:

(1)将班级同学分成八人一组,每组确定一名负责人。

(2)每组选定一家物流企业(之前已做过物流市场细分的企业)。

(3)分析该公司物流合同签订的要素。

(4)修改该物流业务合同模板。

(5)模拟签订过程。

(6)课堂进行合同模板展示。

(7)老师和其他同学共同点评。

一、销售合同的签订程序

销售合同的签订是一件非常重要的事情,合同签订的好坏,关系到企业的兴衰,这种事例屡见不鲜。所以营销员在签订合同的时候,要同客户就合同的内容反复协商,达成一致,并签订书面合同。做到彼此满意,形成双赢。销售合同的签订程序具体可概括为两个阶段:要约和承诺。

1. 要约

这是当事人一方向另一方提出订立销售合同的建议和要求。提出要约的一方称为要约人,对方称为受约人。要约人在要约中要向对方表达订立销售合同的愿望,并明确提出销售合同的主要条款,以及要求对方做出答复的期限等。要约人在自己规定的期限内,要受到要约的法律约束;如果对方接受自己的要约,就有义务同对方签订销售合同;就特定物而言,不能向第三者发出同样的要约或签订同样内容的销售合同,否则承担由此给对方造成的损失。

2. 承诺

这是受约人对要约人提出的建议和要求表示完全同意。要约一经承诺,即表明双方就合同主要条款达成协议,合同即告成立,所以承诺对合同的成立起着决定性作用。承诺应在要约规定的期限内做出,要约中没有规定期限的,应按其合理期限考虑,即双方函电的正常往返时间加上必要的考虑时间。承诺的内容必须与要约的内容完全一致,承诺必须是无条件地完全接受要约的全部条款。如果受约人在答复中,对要约内容、条件做了变更或只部分同意要约内容,或附条件地接受要约,就应视为对要约的拒绝,而向原要约人提出新的要约,叫反要约。

在实际的操作中,一份销售合同的订立往往要经过要约、反要约、再反要约,一直到承诺这样一个复杂的谈判过程。一个销售合同能否有效成立,主要看其是否经历了要约和承诺两个阶段。

二、销售合同的签订应具备的主要条款

销售合同的主要条款是销售合同的重心,它决定了合同签订双方的义务和权利,决定了销售合同是否有效和是否合法,是当事人履行合同的主要依据。这是一份合同的重中之重,营销员在签订合同的过程中,一定要对合同所具备的主要条款逐一审明,详尽规定,使之清楚、明确。

1. 标的

标的是销售合同当事人双方权利和义务所共同指向的对象,销售合同中的标的主要表现为推销的商品或劳务。标的,是订立销售合同的目的和前提,没有标的或标的不明确的合同是无法履行的,也是不能成立的。

2. 数量和质量

这里是指销售合同标的的数量和质量。它们是确定销售合同标的特征的最重要因素,也是衡量销售合同是否被履行的主要尺度。确定标的数量,应明确计量单位和计量方法。

3. 价款或酬金

价款或酬金是取得合同标的一方向对方支付的以货币数量表示的代价,体现了经济合同所遵循的等价有偿的原则。在合同中,营销人员应明确规定定价或酬金的数额,并说明它们的计算标准、结算方式和程序等。

4. 履行期限、地点、方式

履行期限是合同当事人双方实现权利和履行义务的时间,它是确认销售合同是否按时履行或延期履行的时间标准。双方当事人在签订合同时,必须明确规定具体地履行期限,如按年、季度或月、日履行的起止期限,切忌使用"可能完成""一定完成""要年内完成"等模糊两可、含糊不清的措辞。履行地点是一方当事人履行义务,另一方当事人接受义务的地方,直接关系到履行的费用和履行期限。确定时应冠以省、市名称,避免因重名而履行发生错误。履行方式是指合同当事人履行义务的具体方法,由合同的内容和性质来决定。如交付货物,是一次履行还是分期分批履行,是提货还是代办托运等。

5. 违约责任

违约责任是指销售合同当事人违反销售合同约定条款时应承担的法律责任。

此外,销售合同的内容还包括根据法律规定或销售合同性质必须具备的条款及当事人一方要求必须规定的条款,这些也是销售合同的主要条款。

三、签订销售合同的原则

1. 遵守国家的法律和政策

签订销售合同是一种法律行为,合同的内容、形式、程序及手续都必须合法。这里说的"合法"是指销售合同的订立必须符合国家法律和政策的要求。只有遵循合法原则,订立的销售合同才能得到国家的认可和具有法律效力,当事人的权益才能受到保护,并达到订立销售合同的预期目的。

2. 遵守平等互利、协商一致、等价有偿的原则

这一原则在销售合同关系中的具体体现是:双方当事人在法律地位上是平等的,所享有的

经济权利和承担的义务是对等的。双方的意思表示必须真实一致,任何一方不得把自己的意志强加于对方,不允许一方以势压人、以强凌弱或利用本身经济实力雄厚、技术设备先进等优势条件,签订"霸王合同""不平等条约",也不允许任何单位和个人进行非法干预。

3. 遵守诚实信用原则

销售合同的双方当事人,应诚实遵守合同的规定,积极履行合同,稳定地开展工作,为提高自己的信誉而努力。

四、仓储合同

仓储合同是一种特殊的保管合同,它具有保管合同的基本特征,同时仓储合同又具有自己的特殊特征。

仓储合同与保管合同的区别:如前所述,仓储合同有其法定的特点,所以在签订履行时要注意自己权利义务的内容、起始时间,这决定着承担责任的内容和开始时间,例如合同生效时间二者不同,前者为成立时生效,后者为交付时生效;前者均为有偿,而后者有偿与否则由当事人自行约定。

1. 特殊特征

(1)仓储的货物所有权不发生转移,只是货物的占有权暂时转移,而货物的所有权或其他权利仍属于存货人所有。

(2)仓储保管的对象必须是动产,不动产不能作为仓储合同的保管对象。这也是仓储合同区别于保管合同的显著特征。

(3)仓储合同的保管人,必须具有依法取得从事仓储保管业务的经营资格。

(4)仓储合同是诺成合同。仓储合同自成立时生效。这是仓储合同区别于保管合同的又一显著特征。

2. 权利义务

1)保管方的义务与存货方的权利

(1)保证货物完好无损。

(2)对库场因货物保管而配备的设备,保管方有义务加以维修,保证货物不受损害。

(3)在由保管方负责对货物搬运、看护、技术检验时,保管方应及时委派有关人员。

(4)保管方对自己的保管义务不得转让。

(5)保管方不得使用保管的货物,其不对此货物享有所有权和使用权。

(6)保管方应做好入库的验收和接受工作,并办妥各种入库凭证手续,配合存货方做好货物的入库和交接工作。

(7)对危险品和易腐货物,如不按规定操作和妥善保管,造成毁损,则由保管方承担赔偿责任。

(8)一旦接受存货方的储存要求,保管方应按时接受货物入场。

2)存货方的义务与保管方的权利

(1)存货方对入库场的货物数量、质量、规格、包装应与合同规定内容相符,并配合保管方做好货物入库场的交接工作。

(2)按合同规定的时间提取委托保管的货物。

(3)按合同规定的条件支付仓储保管费。
(4)存货方应向保管方提供必要的货物验收资料。
(5)对危险品货物,必须提供有关此类货物的性质、注意事项、预防措施、采取的方法等。
(6)由于存货方原因造成退仓、不能入库场,存货方应按合同规定赔偿保管方。
(7)由于存货方原因造成不能按期发货,由存货方赔偿逾期损失。

五、仓储合同签订注意事项

(一)主体方面

1. 保管人的资格

并不是任何个人或单位都能够从事仓储业务,仓储合同的保管人必须是经工商行政管理机关核准登记的专营或兼营仓储业务的法人组织或其他经济组织、个体工商户等。所以在签订仓储合同之前,一定要查明保管人是否具有从事仓储的资格,并且是否在其营业执照上写明。

2. 保管人一方是代理人来签合同的情况

当保管人一方是代理人来签合同时,存货人应注意审查其是否具有代理人资格。主要注意以下两点:

(1)该代理人是否具有授权委托书。在授权委托书中,应当载明代理人的姓名或名称、代理事项、授权权限、期间,并由委托人或法定代表人或主要负责人签名、盖章。

(2)代理人是否在授权范围内代订仓储合同,凡是超越代理权限而订立合同的,将因无权代理而导致合同无效。

(二)仓储物

1. 仓储物是否违法

标的物违法将导致仓储合同无效。因此,在订立仓储合同时,保管人应确切地知晓存货人所存放的是什么物品,防止存货人利用仓储公司存放违法物品。

2. 合同中应注明仓储物的品名、品种、规格、数量、质量、包装

(1)由于仓储合同的标的物是委托储存保管的货物,对于存货人来说,无论其为特定物还是种类物,均具有特定的用途,保管人不但应妥善保管,以免发生损毁,而且在保管期满后应当按约定将原物及其孳息交还存货人或其委托的第三人。因此,必须在合同中对货物的品种或品名做出明确、详细的规定。

(2)货物的数量依据保管人的存储能力由双方协商确定,并应以法定计量单位计算;货物的质量应使用国家或者有关部门规定的质量标准标明,如货物有保质期的,也应一并说明;货物的包装由存货人负责,有国家或者专业包装标准的,执行规定标准,没有有关标准的,在保证运输和储存安全的前提下,由合同当事人约定。

3. 仓储物的验收内容、出入库手续、时间及运输

(1)验收由保管人负责。通常验收的内容、标准包括三个方面:一是无须开箱拆捆即直观可见的质量情况,项目主要有货物的品名、规格、数量、外包装状况等;二是包装内的货物品名、规格、数量,以外包装或者货物上的标记为准,无标记的,以供货方提供的验收资料为准;三是散装货物按国家有关规定或合同的约定验收。验收方法有全验和按比例抽验两种,具体采用哪种方法,应在合同中明确约定。

(2)合同中要注意明确仓储物的出入库手续的办理方法,双方当事人必须办理签收手续,在没有存货方在场的情况下,仓储物的出库应当与存货人原指定的第三者办理,不能直接与仓储物的买方办理。保管人在收到仓储物时,仓储物验收的时间与仓储物实际入库的时间应尽量缩短,对易发生变质的仓储物,更应注意验收时间。须注明超过验收时间所造成的实际损失,由保管人负责。仓储物验收期限,自仓储物和验收资料全部送达保管人之日起,至验收报告送出之日止,日期均以运输或邮政部门的戳记或直接送达的签收日期为准。

(3)合同中还要约定仓储物在出库后是由存货人来运输还是由保管人代为发运。若是由保管人代为发运,要明确仓储物的运输方式,是公路、铁路还是水路运输,抑或是所有运输方式都可以,并且还可以约定出库后几日内送达目的地。

4. 仓储物的损耗标准

合同中要明确约定仓储物在储存期间和运输过程中的损耗、磅差标准的执行原则。有国家或专业标准的,按国家或专业标准规定执行;没有国家或专业标准的,可以商定在保证运输和存储安全的前提下由双方做出规定。

(三)保管条件

仓储物的储存条件和储存要求必须在合同中明确做出规定,需要在冷冻库里储存还是在高温、高压下储存,都应通过合同订明。特别是对易燃、易爆、易渗漏、易腐烂、有毒等危险物品的储存,要明确操作要求、储存条件和方法。原则上有国家规定操作程序的,按国家规定执行;没有国家规定的,按合同约定储存。

1. 主体方面

陷阱:保管人简写或没有保管资格。

防范:核实保管方是否有保管资格,实际保管人与保管人是否一致,防止储存仓储物被骗走。

2. 储存仓储物的品名、品种、规格、数量、质量、包装方面

陷阱:只填储存仓储物名称,其他不填。

防范:应详细、具体填写储存仓储物的品名、品种、规格、数量、质量、包装等。这关系到因保管不当或因其他保管事由而产生的索赔。

3. 仓储物验收内容、标准、方法、时间、资料方面

陷阱:不填或漏填验收内容、标准、方法、时间、资料。

防范:①要逐项认真填写存、取仓储物的验收,草率或没有订明以何标准、用何方法、在多长时间内与哪些资料、数据相符的,保管责任不易分清,索赔困难。②要注意写明仓储物的验收期限,验收时间与仓储物实际入库时间应尽量缩短,对易发生变质的仓储物,更应注意验收时间(按照《仓储保管合同实施细则》规定,国内仓储物的验收不超过10天,国外仓储物不超过30天,法律或合同另有规定的除外)。必须注明超过验收时间所造成的实际损失,由保管人负责。仓储物验收期限,自仓储物和验收资料全部送达保管人之日起,至验收报告送出之日止,日期均以运输或邮政部门的戳记或直接送达的签收日期为准。③要写明保管人应按合同规定的品名、规格、数量、外包装状况、质量、对入库仓储物进行验收。如果发现入库仓储物与合同规定不符,应在约定的时间内通知存货方。保管人验收后,如果发生仓储物品种、数量、质量不符合合同规定的情况,保管人应承担赔偿责任。

4. 仓储物入库、出库手续、时间、地点、运输方式方面

陷阱：不填入、出库手续和运输方式。

防范：①要将入、出库手续、时间、地点、运输方式写全、写清，这关系到风险责任的承担。另外，有运费时还应写明运费由谁承担。②合同中要注意明确仓储物的出入库手续的办理方法，确立仓储物入库时间，双方当事人必须办理签收手续，在没有存货方在场的情况下，仓储物的出库应当与存货人原指定的第三者办理，不能直接与仓储物的买方办理。另外，仓储物在出库后，原合同约定由保管人代为发运的，合同条款中必须明确仓储物的运输方式，是公路运输还是铁路、水路运输，抑或是所有运输方式都可以，要规定清楚。必须订明如果合同规定不明确的，所造成的仓储物迟延到达的责任，由合同双方承担。再次，合同规定了发运方式后，还必须规定送达目的地的时间，否则，所引起的纠纷双方均应承担责任。

5. 仓储物的损耗标准和损耗处理方面

陷阱：不写损耗或不实写损耗。

防范：①如实正确填写损耗；不填或少填，保管方赔偿责任重，多填，存货人损失大，少填或多填也容易出现纠纷。②合同中要订明仓储物在储存期间和运输过程中的损耗、磅差标准的执行原则。有国家或专业标准的，按国家或专业标准规定执行；没有国家或专业标准的，可以商定在保证运输和存储安全的前提下由双方做出规定。

目前，仓储物损耗的标准规定有《商业仓库管理暂行条例》《国家粮油仓库管理办法》及《百货、文化用品商品运输保管定额损耗管理试行办法》等。

6. 包装条款方面

陷阱：不写或填写不明。

防范：合同中要明确仓储物的包装条款，如包装仓储物必须明确由存货人负责。因为保管人不负有对仓储物包装的义务，只负有对仓储物的包装储存的义务，因此，不能搞混。其次，必须明确包装的各种具体要求，如包装物的外层包装用料，内层包装要求，易碎、易腐物品或危险物品的包装要求等要有具体规定。根据《仓储保管合同实施细则》的规定：仓储物包装，有国家标准的或专业标准的，按国家或专业标准执行；没有国家标准或专业标准的，在保证运输和储存安全的条件下，按合同规定执行。因此，在缺少包装标准的情况下，合同应根据实际情况约定包装执行的标准。

7. 保管条件与要求方面

陷阱：不写明或不写。

防范：仓储物的储存条件和储存要求必须在合同中明确做出规定，需要在冷冻库里储存或是在高温、高压下储存，都应通过合同订明。特别是对易燃、易爆、易渗漏、易腐烂、有毒等危险物品的储存，要明确操作要求、储存条件和方法。原则上有国家规定操作程序的，按国家规定执行；没有国家规定的，按合同约定储存。

8. 计费项目、标准和结算方式方面

陷阱：结算事项不写清。

防范：写清结算方式和结算时间、数额，若是分期结算，还要将每期的结算额写清，结算时间要写期日。

9. 违约责任方面

陷阱：少填违约责任或明显或潜在地填写违约责任的附加条件。

防范:详细、明确地填写违约责任,剔除明显或潜在的违约责任的附加条件。

10. 变更和解除合同的期限方面

陷阱:不填写此项。

防范:科学填写提供情况的时间,选择权威、公正的机构出具材料。

11. 争议的解决方式方面

陷阱:不填或只填协商解决。

防范:选择便利、公正的纠纷解决机关、方式和地域管辖。

12. 仓储物商检、验收、包装、保险、运输等其他约定事项方面

陷阱:不填写此项。

防范:若是进出口仓储物仓储,一定要逐项认真填写,不然,风险责任和储存责任不宜分清。

13. 签字盖章方面

陷阱:只签字,不盖章。

防范:要求对方盖章、核实盖章单位与保管人是否一致。

(四)违约责任

1. 仓储合同中保管人的违约责任

(1)保管人验收仓储物后,在仓储期间发生仓储物的品种、数量、质量、规格、型号不符合合同约定的,承担违约赔偿责任。

(2)仓储期间,因保管人保管不善造成仓储物毁损、灭失的,保管人承担违约赔偿责任。

(3)仓储期间,因约定的保管条件发生变化而未及时通知存货人,造成仓储物毁损、灭失的,由保管人承担违约损害责任。

2. 仓储合同中存货人的违约责任

(1)存货人没有按合同的约定对仓储物进行必要的包装或该包装不符合约定要求,造成仓储物毁损、灭失的,自行承担责任,并由此承担给仓储保管人造成的损失。

(2)存货人没有按合同约定的仓储物的性质交付仓储物,或者超过储存期,造成仓储物毁损、灭失的,自行承担责任。

(3)危险有害物品必须在合同中注明,并提供必要的资料,存货人未按合同约定而造成损失的,自行承担民事和刑事责任,并承担由此给仓储人造成的损失。

(4)逾期储存,承担加收费用的责任。

(5)储存期满不提取仓储物,经催告后仍不提取的,仓储人承担由此提存仓储物的违约赔偿责任。

课后练习

1. 请根据物流业务的操作过程,分析在其他类型物流业务的运作过程中应注意点哪些要素。

2. 请根据不同类型的物流业务,修改不同种类的物流业务合同。

项目四
物流业务客户服务

WULIU YEWU
KEHU FUWU

教学目标

最终目标：能进行物流客户服务（简称客服）。

促成目标：

(1)了解物流企业常见组织机构。

(2)掌握物流服务的对象。

(3)了解物流客户服务的典型活动及服务方式。

(4)掌握物流客户服务的要素及其评价指标。

(5)掌握物流客户服务部门的日常规范。

(6)会根据合同下达作业指导书。

工作任务

(1)物流企业常见组织机构分析。

(2)物流客服工作职责分析。

(3)物流客户投诉处理流程分析。

(4)物流客户投诉处理表设计。

(5)根据合同下达作业指导书。

项目任务书

项目模块	工作任务		课时
模块1　物流业务客服基本职责	任务1	物流企业组织机构分析	2
	任务2	物流业务客服职责分析	2
模块2　物流业务客户投诉	任务1	物流业务客户投诉处理	4
模块3　物流业务大客户服务	任务1	物流业务大客户管理	4

模块1　物流业务客服基本职责

学习目标

(1)了解物流企业常见组织机构。

(2)掌握物流服务的对象。

(3)掌握物流客户服务部门的日常规范。

(4)了解物流客户服务的基本职责。

工作任务

(1)物流企业常见组织机构分析。

(2)物流客服工作职责分析。

任务1　物流企业组织机构分析

领任务

活动：分析物流企业组织机构。

操作步骤：

(1)将班级同学分成八人一组,每组确定一名负责人。

(2)每组选定一家物流企业(之前已做过物流市场细分的企业)。

(3)对物流企业的组织机构进行分析。

(4)分析物流企业的各个部门如何设置,设置后如何分工。

(5)每组学生阐述分析结果,教师分析其设计的正确性和可行性。

知识导入

物流企业为了进行经营管理活动,实现企业目标,必须建立相应的组织机构,形成合理的企业组织机构。所谓企业组织机构,是指企业内部组织机构按分工协作关系和领导隶属关系有序结合的总体。它的基本内容包括明确组织机构的部门划分和层次划分,以及各个机构的职责、权限和相互关系,由此形成一个有机整体。不同部门及其责权的划分,反映组织机构之间的分工协作关系,称为部门机构;不同层次及其责权的划分,反映组织机构之间的上下级或领导隶属关系,称为层次机构。

一、确定企业组织机构的原则

确定物流企业组织机构的基本原则是精简、统一、自主、高效。

1. 精简原则

精简,是指企业经营管理的各类机构的组建应同企业的经营规模和经营的任务相适应,它要求机构设置精简管理层次,压缩管理人员的编制。因此,企业要在服从经营需要的前提下,因事设机构、设职,因职用人,尽量减少不必要的机构和人员,力求精兵简政,以达到组织机构设置的合理化,提高工作效率。同时,还要求企业各级组织机构具有明确的职责范围、权限,以及相互间的协作关系;具有健全和完善的信息沟通渠道;制定合理的奖惩制度;应有利于发挥职工的主动性和积极性,使其全力投身工作。

2. 统一原则

统一,是指企业的各部门、各环节的组织机构必须是一个有机结合的统一的组织体系。在这个组织体系中的各层次的机构,形成一条职责、权限分明的等级链,不得越级指挥与管理。实行这种指挥的优点是:谁命令、谁执行都很清楚,执行者负执行的责任,指挥者负指挥的责任,自上而下地逐级负责,层层负责,保证经营任务的顺利进行。

3. 自主原则

自主,是指企业等级链上的各部门、环节机构都在各自的职责和权限范围内,独立自主地履行职能,充分发挥各级组织机构的主动性和积极性,提高管理工作效率。上级对下级在其职权范围内做出决定不能随意否定。可见,自主的原则是统一领导和分级管理,原则性与灵活性相结合的要求。

4. 高效原则

效率,是建立组织机构都必须遵循的根本原则,它是验证组织机构合理与否的准绳。组织机构必须以完成经营目标和任务为准绳,必须具有管理工作的高效率和经营的高效益。因此,组织机构必须讲求科学分工,明确职责,实行责、权、利的统一,以提高管理效率和全员劳动效率。

上述各项原则,是现代企业建立和健全管理组织机构时应当遵循的基本原则。但是每个企业在具体实践中,要根据本企业的具体情况和特点有所侧重;同时,还要正确处理好相互之间的一些关系,如统一指挥与分级管理、集权与分权、综合管理与专业管理、领导者与被领导者的关系,等等。

二、物流企业组织机构的部门划分

物流企业内部的组织机构,从纵向看可划分为若干不同部门。组织机构应该服从各自经营管理活动的需要,根据各自经营分工的专业,对经营对象的技术复杂程度及其品种机构、经营操作的物质技术装配先进程度、经营的规模等具体因素加以权衡,从经营管理的水平加以确定。一般地说,从物流企业担负媒介商品流通职能的共性出发,物流企业内部的组织机构,基本上可划分为业务经营部门、职能管理部门和行政事务部门,而各部门的进一步划分则因企业具体情况不同而有所不同。

1. 业务经营部门

业务经营部门是指直接参加和负责组织商品流通经营业务活动的机构。它包括从事这些活动的各个业务经营机构,担负着从组织商品购进到商品销售的全部业务工作。物流企业的业务经营部门是组织机构的主体,它们的主要任务、职责、权限是直接从事商品流通的经营,对外建立经济联系,并负责处理经营业务纠纷等,是企业组织机构的主体,其机构的规模和分工程度直接影响着其他部门的机构设置。

业务经营部门组织机构的划分和设置,主要有三种分工形式:

(1)按经营的商品类别分设业务经营机构,即设置若干个机构分别负责一类或几类商品从进到销的全部业务。

(2)按经营过程的环节分设业务经营机构,即按购、销、运、存的经营环节设置机构,各个机构分别负责所有各类商品的购进、销售、运输和储运业务。

(3)按商品种类分工和按商品流转环节分工相结合设置经营业务机构,就是在商品种类分工的基础上,再把该类商品流转的诸环节的经营业务统由一个经营业务机构来承接办理。

(4)按地区分设业务经营机构。

2. 职能管理机构

职能管理机构是指与经营业务机构的活动有着直接的联系,专为经营业务活动服务的管理机构。它直接担负计划、指导、监督和调节职能,包括计划统计、财务统计、劳动工资、价格、信息等的管理,以及在专业技术上给予帮助,按经理的委托向经营业务机构布置工作,负责收集、整理经营业务的信息,是各级领导的参谋机构,不直接从事企业的经营活动。物流企业的职能管理机构是依据管理职能及管理工作的复杂程度及其分工的需要而设置的。一般地,物流企业都要设置计划与统计、财务与会计、劳动与工资、物价与市场等专门的职能管理机构。

3. 行政事务管理机构

行政事务管理机构是指既不直接从事商品流通经营业务活动,又不直接对经营业务进行指导和监督,而是间接的服务与经营业务和职能管理机构活动的行政事务机构,包括秘书、总务、教育、保卫等机构。它们的主要任务和职责权限是为经营和管理工作提供事务性服务、人事管理、安全保卫和法律咨询等。

上述只是物流企业组织机构设置的一般模式。它并不是永久不变的,应当随着企业自身条件和内外部经济条件的变动加以必要的调整和充实,保证企业目标的顺利实现。

三、物流企业组织机构的层次划分

物流企业内部的组织机构,从横向看又划分为若干层次即管理层次。所谓管理层次,就是指从企业经理到基层工作人员之间体现领导隶属关系的管理环节,即经营管理工作分为几级管理。组织机构的管理层次,受到管理幅度的制约。管理幅度是指一个领导者或管理者能够有效地管理下属人员的可能数量。它同管理层次成反比例的关系,即管理幅度增大,意味着领导下属人员的增加,那么管理层次就减少;反之,管理幅度减少,则管理层次便会增多。一名领导者,因受其精力、经验、学识、能力等条件的限制,能够有效领导下级人数是有限的,超过一定的限度就不可能实现有效的领导。有效地管理幅度并非一个固定的数值,它受多种条件和因素的制约,如领导者的素质的高低、被领导人的素质、管理对象的内容的繁简程度等。对以上因素综合分析,确定出有效的管理幅度。一般地,总是尽可能在扩大有效管理幅度的基础上,减少管理层次,降低管理费用,加快管理指令的传递速度,提高管理工作的效率。

最高管理层,即以经理为首的领导班子,统一领导各个层次的经营管理等活动。其主要职能是制定经营目标、方针、战略;利润的使用、分配方案;重大规章的制定、修改和废止;指挥和协调各组织机构的工作和相互关系,确定它们的职责和权限等。

中间管理层,是指根据经营管理工作的需要设置的承上启下的中间层次的机构,主要是经营业务、职能管理和行政办事机构。它们的主要任务和职责权限是依据最高层次下达的指令和任务制定本部门的执行目标,直接从事商品流通的经营活动或管理活动,保证实现企业的经营和管理目标,以及向决策层提出建议和直接领导最基层机构的各项具体的经营管理工作。

基层管理层,是指经营管理工作的执行操作机构,是直接领导基层工作人员的管理层次,是企业中最低的管理层。它们的主要任务和职责权限是依据上一层机构下达的任务优化组织实施的具体方案,采取多种经营方式,实施优质服务,保证完成各自的经营目标,以及向上层的领导机构报告工作或提出建议。物流企业不论是三级管理还是两级管理,只要是设两个以上的层次,就有授权问题。只有根据集权和分权,统一领导和分级管理相结合的组织原则,才能保证集中统一指挥、充分调动和发挥中层和基层的主动性和积极性,增强物流企业经营管理中的向心力和创造力,达到既有经营的高效益,又有管理的高效率。

四、物流企业组织机构的管理形式

物流企业组织机构的管理形式,是指企业的整个组织机构按部门划分和按层次划分组成纵横交错关系的组织管理形式,它取决于企业规模、经营内容、企业人员素质、经营管理水平和企业内外部环境等多种因素。此外,企业的所有制不同,它的组织管理形式也会有所不同。从其发展过程来看,主要有以下几种。

1. 直线制形式

直线制形式是早期的,也是最简单的管理形式。它的特点是企业各级行政领导按照直线从上到下进行垂直领导,不另设置专业职能机构。这种组织管理形式的优点是机构层次少,权力集中,命令统一,决策和执行迅速,工作效率高。缺点是领导需要处理的事物太多,精力受牵制,不利于提高企业的经营管理水平。适用于经营规模小,经营对象简单的小型物流企业。直线制形式如图4-1所示。

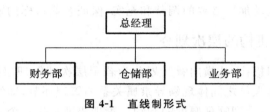

图4-1　直线制形式

2. 职能制形式

它的特点是最高层的领导者把专业管理的职责和权限交给相应的职能管理机构,由它们在专业管理活动上直接经营指挥业务机构的活动。这种组织管理形式的优点是能够充分发挥职能机构专业管理的作用和专业管理人员的专长,加强了管理工作的专业化分工,提倡内行领导,达到管理工作的正确性和高效率。缺点是各职能机构都有指挥权,形成多头领导,相互协调比较困难。所以,它在实践中没能被多数企业采用。职能制形式如图4-2所示。

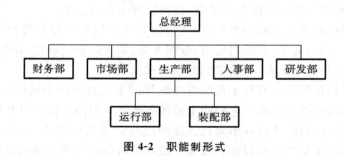

图4-2　职能制形式

3. 直线职能制形式

直线职能制形式是以直线制形式为基础将职能制形式结合在一起的一种组织管理形式。它的特点是各管理层的负责人自上而下进行垂直领导,并设职能机构或职能人员协助负责人工作,但职能机构或人员对下级单位不能下达指示命令,只能在业务上进行指导监督,下级负责人只接受上一级负责人的领导。这种形式的优点是取直线制和职能制两种形式之长,舍二者之短,是一种较好的形式,在实践中得到比较广泛的应用。我国大中型物流企业大都采用这种形式。直线职能制形式如图4-3所示。

4. 事业部制形式

事业部制是国外大型企业普遍采用的一种组织机构模式。它的特点是企业按产品类别、经营业务或地区设若干个事业部,实行集中决策下的分散经营和分权管理。事业部是实现企业目

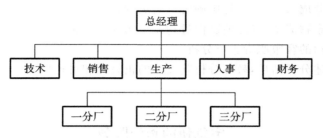

图 4-3 直线职能制形式

标的基本经营单位,实行独立经营、独立核算,具体管理经营活动。这种组织机构的优点是:有利于总公司摆脱日常的行政事务,集中进行决策;有利于事业部根据市场变化做出相应的经营决策;有利于组织专业化生产,提高效率。缺点是:由于事业部是一个利益中心,往往只考虑自己的利益而影响相互协作。它适宜于规模大、产品种类多、分布面广的企业。事业部制形式如图 4-4 所示。

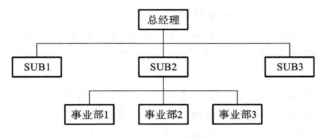

图 4-4 事业部制形式

5.矩阵式组织机构形式

矩阵式组织机构是由纵、横两套管理系统组成的机构。企业为了完成某项任务或目标,从直线职能制的纵向职能系统中抽调专业人员参加,组成临时或较长期的专门小组,由小组进行横向系统联系,协同各有关部门的活动,并有权指挥参与规划的工作人员,小组成员接受双重领导,而以横向为主,任务完成后便各自回原单位。这种组织机构的优点是:有利于优化组合,充分发挥各部门、各专业人员的优势;有利于纵向集中指挥与横向协调结合。但缺点是小组成员容易产生临时观点,出现问题难以解决,往往给工作带来困难。所以,矩阵式组织机构形式还需要进一步发展和完善。

请按工作职能和业务类型分别为物流企业设置组织机构。

任务 2　物流业务客服职责分析

活动:分析物流企业客服人员职责。
操作步骤:

(1)将班级同学分成八人一组,每组确定一名负责人。
(2)每组选定一家物流企业(之前已做过物流市场细分的企业)。
(3)对该物流公司的客服职责进行分析。
(4)每组学生阐述分析结果,教师分析其设计的正确性和可行性。

宅急便的物流服务

背景资料:

日本的大和运输株式会社(Yamato Transportation)成立于1919年,是日本第二古老的货车运输公司。1976年2月,大和运输开办了"宅急便"业务,提出用 yamato-parcel-service(大和、包裹、服务)这一名词,简称YPS。现在,大和运输的"宅急便"在日本已是无人不知、无人不晓,在马路上到处可见"宅急便"在来回穿梭。

案例剖析:

"宅急便"这个有些拗口的名词正在被越来越多的国人所熟悉。在日本,像"宅急便"这种"上门收货、配送到门"的物流服务非常普遍,并已演变为一种消费文化。"宅急便"通过其商标的有形展示、员工周到的服务和对服务过程的有效控制,树立了良好的品牌形象。

启发总结:

"宅急便"作为日本国内优秀的综合性物流企业,以速度(speed)、安全(safety)、服务(service)为理念,彻底贯穿"客户至上"原则,注重品牌形象,提供全面、周到的物流服务,尤其是"宅急便"特有的"猫系统",确保向客户提供高质量的服务,并取得了良好的业绩和信誉。

企业从第一利润源到第二利润源再到对第三利润源的不断挖掘,使创新成了企业获利的关键。物流服务营销创新被称为打开第三利润源的钥匙,也是近几年来中国物流市场关注的一个核心话题。物流服务营销应该借鉴发达国家的物流发展经验,结合我国实际情况,不断创新。

某仓储企业市场部岗位职责表如表4-1所示。

表 4-1　市场部岗位职责表

岗　位	职　责
市场部副经理	(1)负责市场部的日常管理工作; (2)负责市场部员工的考核、培训工作; (3)负责市场部分控方的评审和选择; (4)负责对市场部业务支出(外包费用、业务招待等)报销的初审; (5)负责市场部各个仓库的安全工作; (6)负责市场部的营销工作以及客户维护; (7)负责与公司横向部门的协调; (8)负责营销过程中的客户信息收集、需求分析、谈判、报价、合同签订工作

续表

岗 位	职 责
市场部经理助理	(1)协助市场部经理的日常管理工作; (2)负责市场部的营销工作以及客户维护; (3)负责市场部相关业务方案制定以及现场指导; (4)负责管理调度工作并做出指导; (5)负责与公司横向部门的协调; (6)负责营销过程中客户信息收集、需求分析、谈判、报价、合同签订工作
销售	(1)负责市场部对外宣传、营销工作以及客户维护; (2)负责营销过程中客户信息收集、需求分析、谈判、报价、合同签订工作; (3)负责向客户服务、调度传递准确的客户操作流程及要求; (4)负责领导交代的其他工作
客户服务	(1)负责全面了解合同客户的操作流程及要求,并按流程指导操作; (2)负责掌握客户业务操作情况并协调解决通关过程中的问题; (3)负责将客户信息及时与销售进行沟通; (4)负责收集项目操作情况,编制结算清单给客户确认; (5)负责市场部的统计工作; (6)为销售提供营销操作方面的支持
单证操作	(1)全面了解合同客户操作流程中单证操作要求; (2)负责与客户经办人员的联络沟通,及时了解客户的信息; (3)负责对客户提供单证的初审工作; (4)负责把经审核的单证报批、交接、现场跟单等工作; (5)负责收集项目操作情况,编制结算清单给客户确认; (6)负责项目部合同审批、归档、分发工作

练一练

1. 请参考该公司人员职责表了解仓储业务市场部客户人员的职责。
2. 请画出物流企业的常见组织结构。

案例剖析:以一般的物流企业为例,分析物流客户服务部门的工作职能。

客服部门工作职能分析:
(1)客户档案的建立、跟进及与客户关系的管理。
(2)接受并处理客户关于运作质量和动作效率的投诉。
(3)培训、激励、评价和考核客户服务专员。
(4)复核并监督落实运营指标执行情况,并提出改进意见。
(5)接待客户,解答客户问题,按客户要求提供相应服务。
(6)作业指导书制作等。
(7)费用清单制作等。

模块 2　物流业务客户投诉

学习目标

(1)了解物流客户服务的典型活动及服务方式。
(2)掌握物流客户服务的要素及其评价指标。
(3)掌握物流客户服务部门的日常规范。
(4)掌握客户投诉处理流程。
(5)掌握客户投诉表的设计方法。

工作任务

(1)物流客户投诉处理流程分析。
(2)物流客户投诉处理表设计。
(3)物流客户服务质量监控表设计。

任务 1　物流业务客户投诉处理

领任务

活动一:分析物流企业日常客服管理工作内容。
操作步骤:
(1)将班级同学分成八人一组,每组确定一名负责人。
(2)每组选定一家物流企业(之前已做过物流市场细分的企业)。
(3)对一般物流企业的日常客服工作进行分析。
(4)分析客服工作的日常规范。
(5)每组学生阐述分析结果,课堂评点。
活动二:分析物流业务投诉处理工作内容。
操作步骤:
(1)将班级同学分成八人一组,每组确定一名负责人。
(2)每组选定一家物流企业(之前已做过物流市场细分的企业)。
(3)客户投诉记录表设计。
(4)客户投诉处理流程分析。
(5)每组学生阐述分析结果,教师分析其设计的正确性和可行性。

知识导入

一、物流客户服务的评价指标

物流客户服务的三要素及其评价标准:

(1)交易前要素:服务政策制定与宣传、客户服务组织的完善、质量保证声明、系统灵活性及技术服务说明等。

(2)交易中要素:存货水平、商品断货标准及反馈、订货信息、订货能力、订货周期及时间、货物周转、系统精度、订货便利性、服务的更新替代性等。

(3)交易后要素:变更检修零部件、产品质量追踪、客户意见收集、客户投诉处理、产品包装、维修中产品替代等。

二、训练:打造职业化的物流客户服务人员

训练目的,通过讨论与训练,了解物流企业客户服务部门的主要工作岗位、各岗位职责及操作流程、物流客户服务人员的素质要求等,掌握打造职业化的物流客户服务人员的途径与方法。

分组讨论职业化的工作形象、职业化的工作态度、职业化的工作技能和职业化的工作道德。具体体现在哪些方面,如何打造职业化的客户服务人员?

剖析:

(1)打造职业化的工作形象——"看起来像那一行的人"。

考察要素有哪些?

如何体现职业化的工作形象?

(2)职业化的工作态度——"用心把事做好"。

考察要素有哪些?

(3)职业化的工作道德——"对一个品牌信誉的坚持"。

考察要素有哪些?

(4)职业化的工作技能——"像个做事的样子"。

考察要素有哪些?

1.客服人员语言表达的技巧

客服人员语言表达的技巧如表4-2所示。

表4-2 客服人员语言表达的技巧

类 别	要 点 描 述	备 注
语言氛围	(1)良好的精神面貌有利于建立轻松、和谐的语言氛围; (2)礼貌、友好和自然的态度,目光接触	三个技巧均存在由浅入深的内在联系:语言氛围是语言沟通的背景,语调变化是语言沟通的外衣或表现形式,信息要求是语言沟通的内涵
语调变化	(1)语调变化来自音调、音量、语速等方面的控制,沟通中物流客户服务人员应注意音调、音量、语速的使用; (2)平缓的音调有助于营造轻松和谐的语言环境; (3)适度的音量交谈,切忌令客户产生物流客服人员盛气凌人、颐指气使、居高临下的感觉; (4)适当的语速交流,便于客户接受准确的交流信息	
信息要求	(1)清晰:语言清晰、简洁,材料翔实,逻辑严密,观点明确,表达流畅; (2)准确:所使用的词语能准确表达自己的意图和想法; (2)客观:"知之为知之,不知为不知",客观公允的信息更具说服力	

2. 客服人员身体语言的技巧

客服人员身体语言的技巧如表4-3所示。

表4-3 客服人员身体语言的技巧

类　　别	要　点　描　述	备　　注
面部表情	（1）善于使用表达尊敬和理性的目光语言，保持与客户的目光接触； （2）亲切、诚恳、耐心的面部表情温暖客户； （3）恰当得体的面部表情变化，向客户传递期待、关心和平等的信息	眼神交流要坦诚，面部表情要柔和
肢体语言	（1）姿势：用稳重、良好的站姿、坐姿向客户传递自信以及有备而来的信息； （2）握手：用礼仪要求的握手传达对客户的热情，消除客户的猜疑； （3）手势：用恰当的手势强化重点沟通内容	通过手势及其动作传达内在心理活动信息，属于没有文字的信息
服饰语言	（1）服饰是"无声的语言"，客户通过服饰会对公司、个人产生不同的感受和认识； （2）客户服务人员的外在形象及其举止行为是公司的"名片"，起着"先入为主"的影响作用； （3）客户服务人员应装束整洁端庄，不着奇装异服，不穿戴夸张饰品	典型的"名片效应"

想一想

高效的物流团队应具备的特征是哪些呢？
（1）清晰的目标。
（2）相关的技能。
（3）团队合作和奉献精神。
（4）一致的承诺。
（5）良好的沟通。
（6）恰当的领导。
（7）内部支持和外部支持。

练习：为物流企业客服人员设计一份日常工作（见表4-4）。

表4-4 物流企业客服人员日常工作表

序　号	目　　标	实施情况			
		一季度	二季度	三季度	四季度
1	客户满意率≥96%				
2	客户投诉次数每季度少于3次，单个客户少于2次				
3	单证差错率≤1%				
4	客户投诉处理率100%				

三、客户投诉记录表设计

1. 物流客户投诉的主要方式

物流客户投诉的主要方式如表4-5所示。

表4-5　物流客户投诉的主要方式

	具体方式	要点描述	备注
投诉方式	电话投诉	通过固定电话、手机、传真等方式沟通联系	固定电话、手机、传真等现代通信工具进行
	信函投诉	以信件、函件等书面形式进行投诉	郑重其事的方式
	电子网络投诉	以MSN、QQ、E-mail等现代网络形式进行投诉	采用形式多样的电子网络技术手段，快速、高效、及时
	现场投诉	客户亲自来到物流客户服务现场、办公现场进行投诉	注意面对面的沟通的服务技能与客户情绪安抚技巧

2. 受理物流客户服务投诉方式

受理物流客户服务投诉方式如表4-6所示。

表4-6　受理物流客户服务投诉方式

分类方式	具体描述	备注
一般式	常指物流客户服务部设置的客户投诉中心受理的投诉。此法有固定场所、固定人员和依法处理程序	主要方式之一
快速反应式	常指物流客户服务部门和企业内部其他部门联合组建的快速处理客户纠纷的机制。这种机制可以处于流动状态，随时发现问题并处理，也可以处于待命状态，当接到投诉时，随时出动处理纠纷	有效处理突发事件，体现"特事特办"原则
网络受理式	常指通过在国际互联网上设立网址、电子信箱等手段，利用现代化的技术条件，由客户通过网络直接向物流企业投诉，是一种方便、先进的方式	受理投诉的发展方向与趋势
电话热线受理式	由物流客户服务中心通过举办"客户投诉热线"的固定栏目，由分管投诉的主管客户服务经理现场回答或事后处理投诉的一种方式	快捷、高效、经济
专业投诉站式	由于消费领域面广形宽，对一些专业性强、科技含量高的投诉，物流客户服务中心现有的客服人员由于受主、客观条件的限制，解决这方面的投诉困难较大，因此，可以成立专业投诉站的方式予以解决	专业性强，对客户服务人员的专业技能要求较高

3. 处理物流客户抱怨实施要点

处理物流客户抱怨实施要点如表4-7所示。

表 4-7　处理物流客户抱怨实施要点

实施步骤	要点描述	备注
投诉处理	先核对是否有该批货单与出货,并经实地调查了解(必要时会同有关单位)确认责任属本企业后,即填妥抱怨处理单,通知质量管理部调查分析	客服中心
原因查明	质量管理部调查检验记录表及有关此批货品相关资料,查出真正原因,如无法查出,则会同有关部门查明抱怨原因	多部门协助
改善对策	查明抱怨原因后,会同有关部门,针对抱怨原因,提出抱怨改善对策,防止此类情况再次发生	客服中心
答复客户	会同有关部门,对客户抱怨提出处理建议,经物流客户服务部核准后,再答复客户	客服中心
回馈归档	将抱怨处理资料回馈有关部门并归档	客服中心

4.客户投诉记录表格式

客户投诉记录表格式如表 4-8 所示。

表 4-8　××物流公司客户投诉记录表

序号	客户名称	联系人	联系方式	投诉内容	投诉日期	责任部门	备注
1							
2							
3							
4							
5							
6							
7							
8							
9							
10							

记录员:　　　　　日期:

模块 3　物流业务大客户服务

学习目标

(1)了解物流业务大客户服务的要点。

(2)了解物流业务大客户服务的主要方式。

(3)了解大客户服务的风险防范措施。
(4)掌握客户满意度调查方法。

(1)分析物流业务大客户管理的要点。
(2)分析物流业务大客户服务主要方式。
(3)分析物流业务大客户服务风险防范措施。
(4)客户满意度调查表制作。

任务1　物流业务大客户管理

活动:分析物流企业大客户管理工作内容。
操作步骤:
(1)将班级同学分成八人一组,每组确定一名负责人。
(2)每组选定一家物流企业(之前已做过物流市场细分的企业)。
(3)对物流企业的大客户管理工作进行分析。
(4)根据业务合同制作作业指导书。
(5)每组学生阐述分析结果,教师分析其设计的正确性和可行性。

黑猫请客的故事

黑猫请山羊到它家去吃饭,山羊饿着肚子赶到黑猫家里,黑猫摆了一桌丰盛的佳肴:红烧老鼠肉、油炸老鼠头、清蒸老鼠腿、凉拌老鼠皮……黑猫见山羊如约而至,马上请它入席,十分客气地说:"吃吧,放开肚皮吃。"它自己则抓起一块老鼠肉有滋有味地大吃起来。山羊坐在那儿尽管肚皮饿得吐噜吐噜地叫,面对这一桌丰盛的老鼠宴,却一点胃口也没有。黑猫就问山羊:"你这么饿,为什么不吃呢?""我……不吃老鼠。"山羊结结巴巴地说。"原来是这样啊！对不起呀,我不了解。"黑猫连声道歉。

点评:客户是多种多样的,他们有各种各样的偏好,一个希望将一种产品或服务强加给客户就认为客户会喜欢的企业,其实错了。分析一下你的客户,如果他是"猫",就请他吃"老鼠宴";如果他是"羊",就一定要请他吃"青草席"。

1.如何理解"对客户应一视同仁"?
2.如何界定你的大客户？如何管理你的大客户？
参考案例:顾客满意服务程度调查表(见表4-9)。

表 4-9　顾客满意服务程度调查表

序号：

顾客名称			
地址			
联系人		电话	

服务内容：

对本中心业务服务的满意程度：
服务时效：□30 分　　□25 分　　□20 分　　□15 分
服务态度：□40 分　　□35 分　　□30 分　　□25 分
服务功能：□30 分　　□25 分　　□20 分　　□15 分
合计：　　分
注：总分 80 分以上为满意（包括 80 分），总分 80 分以下为不满意

其他意见、要求或建议（对于好的建议一经采用，本中心将对顾客给予奖励）

请贵公司将调查表填好后一周内返回×××（传真件亦有效）
传真：

填表日期：　　　年　　　月　　　日

思考：(1)物流客户满意调查应该从哪几个方面设计？
　　　(2)对于大客户应该从哪些方面来提高客户满意度？

知识导入

一、物流大客户日常管理流程

(1)建立大客户信息数据库。
(2)大客户满意度调查工作。
(3)维护大客户工作。

二、分析客户，确定关键客户

(1)大客户的特征要素有哪些？
(2)确定大客户的选择标准。

三、收集客户信息

(1)进行客户信息分析。
(2)分析客户,确定关键客户。

想一想

1.大客户档案表应包括哪些基本要素?请列举出一些可以管理好大客户的具体方法。
(1)大客户回访制度。
(2)下达回访通知。
(3)上报指定人员名单。
(4)安排具体回访时间。
(5)实施上门回访任务。
(6)整理大客户回访资料。
(7)撰写回访报告。
(8)审核。
(9)形成回访报告。
2.大客户服务的主要方式有哪些?
(1)上门服务。
(2)随叫随到服务。
(3)个性化服务。
(4)限时服务。
3.大客户关系维护方式有哪些?
(1)建立信任。
(2)限制竞争对手。
(3)制造进入障碍。
(4)巩固退出障碍。
(5)承担合作风险。
4.大客户维护具体做法有哪些?
(1)确定目标客户,抓住关键人。
(2)业务或服务以质量取胜。
(3)优先保证大客户服务。
(4)研究客户经营业务的发展方向。
(5)密切关注大客户动态,帮助大客户设计促销方案。
(6)加强业务以外的沟通,建立朋友关系。
(7)在大客户中开展新型项目的试销。
(8)做好售后服务。
5.大客户服务管理法则有哪些?
(1)树立正确的服务观念。
(2)建立"绿色通道"确保为大客户提供满意的服务。

(3)推行大客户经理制,建立完善项目小组制。
(4)加强大客户的经营分析。
(5)大客户服务队伍的建立与考核。
(6)与大客户合作共赢。

练一练

1. 作业指导书制作

操作步骤:

(1)将班级同学分成八人一组,每组确定一名负责人。
(2)整理不同业务类型的物流公司客户合同资料。
(3)根据这些资料分析如何去下达作业指导书。
(4)制作作业指导书并形成书面报告,在课上进行讨论。
(5)教师和其他学生共同分析其设计的正确性和可行性。

2. 客户满意度调查表设计制作

操作步骤:

(1)将班级同学分成八人一组,每组确定一名负责人。
(2)每组设计客户满意度调查表。
(3)在课上进行展示。
(4)教师和其他学生共同分析其设计的正确性和可行性。

参考文献

[1] 郭伟业.物流服务营销[M].上海:同济大学出版社,2008.
[2] 董千里,陈树公,朱长征,等.物流市场营销学[M].3版.北京:电子工业出版社,2015.
[3] 王晓望,韩冬艳,等.物流客户服务与管理[M].北京:机械工业出版社,2015.
[4] 曲建科.物流市场营销[M].3版.北京:电子工业出版社,2017.